한의중국어강독

한의중국어강독

유준상·정연실·밍양양 지음

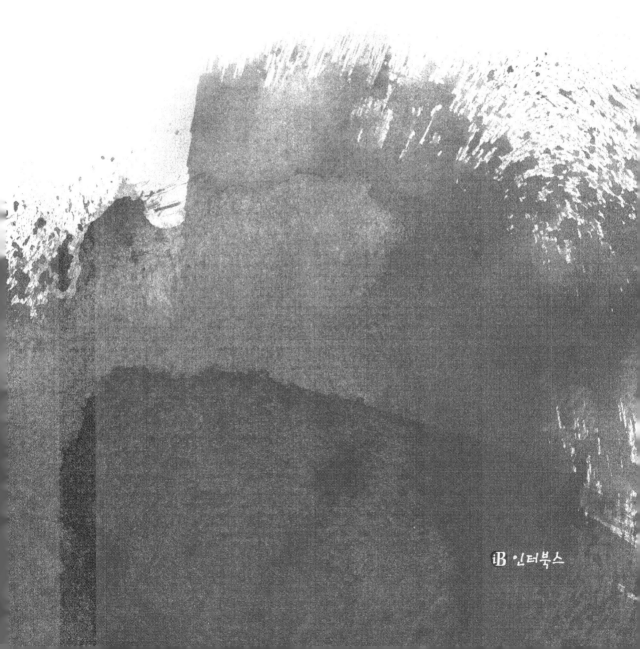

iB 인터북스

"번역기가 있는 세상에서 중국어를
배워야 하나요?"

지금은 구글이나 네이버 같은 포털 사이트에 번역기가 있어서 텍스트를 입력하면 자동으로 번역을 해 주는 세상이다. 이런 시대에 중국어라는 외국어를 배워야 할까?

한의학을 공부하는 학생들, 특히 한의예과 학생들은 한의과대학에 입학하자마자 '한문'과 '중국어'를 배우게 되는데 그들 대부분은 지난 12년간 한문과 중국어를 배운 적이 없다.

가르치는 교수와 배우는 학생들은 요구하고 기대하는 수준이 다르므로, 가르치고 배우는데 여러 가지 어려움이 있는 것이 사실이다.

우선적으로 한국의 한의학이 중국의 의학을 수용, 변형, 창조해서 만들어진 의학이라고 볼 때, 그 근본을 알고자 하거나 현대의 중의학 자료를 참고하기 위해서는 중국어를 배울 수 밖에 없는 상황이다. 게다가 빠른 속도로 진화하고 있는 인공지능 번역기조차 전문 한의학 용어에 대해서는 제대로 된 번역을 해 주지 못하며, 모든 중의학 서적들이 빠르게 책으로 번역되어 나오지는 않기에 우리나라에서 한의학을 공부하는 사람들은 중국어를 배울 수 밖에 없는 것이다.

가령 예를 들면, 암이나 당뇨병을 중의학으로 잘 치료하는 중의사의 진료내용을 알고자 하거나, 중의 이론을 현대화하여서 설명하는 책이 있다면 그 책을 읽어봐야 할 텐데 전부 중국어로 씌어 있기에 중국어를 알아야만 그것을 이해할 수 있게 되는 것이다.

한때 중국어는 한의대의 필수과목이었다.

우리나라에 교재가 별로 없던 시기에는 중국어로 씌어진 많은 책들을 수입해서 읽고 그 내용들이 교재로 만들어지기도 하였다.

현재는 동의보감이나 국내의 서적들, 해외 서적들, 그리고 일부 중국의 연구 성과가 교재에 포함되기에 중국어로 씌어진 의학서적들을 접할 기회가 줄어들게 되었다.

하지만 여전히 중국에서는 수 많은 책들이 매년 출판되고 있으며, 최근의 서양의학 연구동

향을 배워 중의학도 연구 방법을 변용하고 있는 점이 눈에 띈다.

본문의 내용은 "중의학문답제고 中医学问答题库"라는 책에서 치미병부터 음양, 오행, 장부, 병증, 진단, 치료 등의 단문을 추려서 만들었다. 이에 대해서 단어, 문법, 연습문제, 관련 『황제내경』의 본문, 자율학습 등을 만들어 추가적인 학습을 하도록 배치하였다. 부록으로는 본문해석과 한의학 간체자 따라쓰기를 두어서 어려운 중국어 및 한자와 친해지도록 하였다. 본문과 단어는 공저자이신 밍양양교수께서 녹음을 하여 QR 코드를 스캔하면 중국어 발음을 들을 수 있도록 하였다.

초급 단계 중국어를 배우고 중의학 원전 강독을 학습하기에 앞서 본 교재를 활용하기를 권한다. 두세 개 문장으로 구성된 단문을 통해서 중의학 용어와 표현을 학습하고 중국어에서 자주 사용되는 단어와 표현을 익히게 되면 혼자서도 중국어 원문을 읽고 해석할 수 있게 될 것이라 믿는다.

발췌된 중국어 내용을 입력하고 한어병음을 교정해 주셨으며 음성녹음을 담당해 주신 밍양양교수님, 그리고 중국어에 대해서 한글로 번역해 주시고 간체자 따라쓰기 내용을 선별해 주신 정연실교수님께 감사드린다.

바쁘신 출판사 일정에도 한의과대학 학생들의 중국어 실력 향상을 위해서 출판을 해 주신 인터북스 편집부와 출판사 사장님께 감사의 말씀을 드린다.

2023. 8.

대표저자 유준상

편찬 의도

　춘추전국시대를 거치면서 형성된 중국 전통 의학은 중국에서 중의학, 우리나라에서 한의학, 일본에서 한방의학으로 각각 발전하였다. 중국 전통 의학은 수용과 변용의 과정을 거치면서 지역의 지리적, 문화적 특성에 따라 각 나라의 전통 의학으로 뿌리내린 것이다. 따라서 한중일 삼국의 전통 의학에는 치미병, 음양, 오행은 물론 질병의 진단, 치료 등 다양한 부분에서 공통점이 존재한다.

　우리의 한의학이 한층 더 발전하기 위해서는 때로는 중의학을 참고할 필요가 있는데, 이를 위해서 전국 대부분의 한의과대학은 학생들에게 중국어, 중국어 회화 혹은 중국어 강독 등 과목을 개설하고 있다. 그럼에도 불구하고 본래의 목적에 맞는 특히 한의학의 근간이 되는 음양, 오행, 생리, 병리, 진단, 치료를 골고루 학습할 수 있는 내용의 교재는 부족하다.

　<한의중국어강독>은 한의학 관련 중국어 원문을 중심으로 독해를 연습하기 위해 만들어진 교재이다. 매 과는 용도와 목적에 맞게 선택할 수 있는 세 종류의 본문이 있는데, '본문'은 이 교재의 중심 내용이고, 의고문은 원전 강독의 맛보기이고, 마지막은 자율학습을 위한 본문이다. 본문은 단어, 문형, 문장 구조, 복습, 어휘 확장 등 5개 내용으로 구성되어 중국어 문장을 독해하는 방법을 습득할 수 있도록 하였고, 의고문과 자율학습은 확장 및 심화 학습을 할 수 있도록 하였다.

　이 교재를 통해 한의학과 관련된 단어와 문장 구조를 반복 학습함으로써 중국어 강독에 점차 익숙해지기를 바란다. 또한 이 책이 초보적이나마 중국어 강독 실력을 쌓아서 중화권 최신 자료를 읽을 수 있는 좋은 출발점이 되기를 바란다.

교재 구성과 활용법

▶본문

  치미병, 음양, 오행, 생리, 병리, 진단, 치료, 오장 등 한의학의 기본 개념과 관련된 주제를 선정, 책의 후반부로 갈수록 문단이 길어지도록 배치함

  QR코드를 스캔하면 원어민의 본문 발음을 들을 수 있음.

▶단어

  본문에 나오는 단어에 대한 설명

  QR코드를 스캔하면 원어민의 단어 발음을 들을 수 있음.

▶문형

  자주 사용되는 구문에 대한 설명

▶문장 구조

  문장의 구조를 파악하는 데 도움이 되는 설명

▶복습

  본문의 내용을 잘 이해했는지를 확인

▶어휘 확장

  본문과 관련된 어휘로 어휘를 확장하여 학습할 수 있음

  예) 氣(기)에 관련된 단원에서는 宗气、꼬气、畜气등을 나열함

의고문

<황제내경> 등 의학 고문의 맛보기로 본문과 상통하는 주제를 중심으로 한의학 원전에서 배울 내용을 미리 학습할 수 있음

자율학습

최근 중국 관련 자료에서 본문과 관련된 부분을 발췌하여 본문에서 공부한 어휘를 사용하여 스스로 독해를 해 볼 수 있도록 읽을거리를 제공

〈부록〉

본문 해석

본문의 해석은 권말에 실어서 학습자가 본문의 내용을 스스로 해석해 보고 모범 해석과 비교할 수 있도록 함

복습문제 참고답안

매 과에 나오는 복습문제에 대한 참고답안을 제시하여 학습자가 작성한 답안과 비교해 보도록 함

한의학 간체자 따라 쓰기

한의학 상용 한자를 과별로 열 개 글자씩 선정하여 바른 순서에 따라 쓰기 연습을 할 수 있도록 함

第一课

治未病

　　치미병(治未病)이란 아직 병으로 발전하지 않은 상태에서 병을 치료하라는 말로, 한의학에서 예방적 치료를 강조하여 이르는 말이다. 한의학에서는 사계절의 주기, 24시간 하루의 주기에 맞춰서 인간이 살아야 함을 강조하고, 이 규율에 거슬러 살게 되면 질병이 생기게 됨을 말한다. 질병으로 발전하기 전에 검사상 이상은 없는데 몸이 무엇인가 건강하지 않은 상태가 바로 미병상태이고, 서양의학에서는 불건강(아건강)상태라고 부른다. 한의학에서는 이러한 미병상태를 빨리 파악하여 치료해야 오히려 병에 걸려서 치료하는 것보다 쉽게 호전될 수 있다는 점을 강조하고 있다.

핵심 키워드 : 治未病, 包括, 未病先防
　　　　　　　 zhì wèi bìng　bāokuò　wèi bìng xiān fáng

Zhì wèi bìng bāokuò liǎng ge fāngmiàn yī shì zhēnduì jiànkāng rén de wèi bìng xiān
"治未病"包括两个方面：一是针对健康人的"未病先

fáng yī shì zhēnduì yǐ bìng zhě de jì bìng fáng biàn Wèi bìng xiān fáng de jùtǐ
防"，一是针对已病者的"既病防变"。"未病先防"的具体

cuòshī bāokuò tiáoshè jīngshén jiāqiáng duànliàn zhùyì yǐnshí qǐjū de yǒujié děng
措施包括：调摄精神，加强锻炼，注意饮食起居的有节等

zēngqiáng jītǐ de zhèngqì yǐjí cǎiyòng réngōng miǎnyì hé bì qí dúqì děng fángzhǐ
增强机体的正气，以及采用人工免疫和"避其毒气"等，防止

jíbìng de fāshēng Jì bìng fáng biàn de jùtǐ cuòshī bāokuò zǎoqī zhěnduàn zǎoqī
疾病的发生。"既病防变"的具体措施包括：早期诊断，早期

zhìliáo yǐjí gēnjù bìngqíng chuánbiàn guīlǜ xiān ān wèi shòu xié zhī dì děng fángzhǐ
治疗，以及根据病情传变规律，"先安未受邪之地"等，防止

jíbìng de chuán biàn hé èhuà
疾病的传变和恶化。(题库 p.82 No.541)[1]

治 zhì 치료하다, 다스리다

未病 wèibìng 병이 되지는 않았지만 되고 있는 상태

包括 bāokuò 포함하다

两 liǎng 둘

个 ge 개

方面 fāngmiàn 방면, 측면

针对 zhēnduì ~을 대상으로

健康 jiànkāng 건강(하다) ＊健康人 jiànkāng rén 건강한 사람

未病先防 wèi bìng xiān fáng 병이 나지는 않았으나 먼저 대비하다

已 yǐ 이미

＊已病者 yǐ bìng zhě 이미 병이 난 사람, 환자

---

1) 张伯讷 等. 中医学问答题库. 中医基础理论分册. 北京:中医古籍出版社. 1988.

既病防变 jì bìng fáng biàn 병이 났으나 진행되거나 변화되는 것을 막다.

具体 jùtǐ 구체적

措施 cuòshī 조치

调摄 tiáoshè 살피다

精神 jīngshén 마음, 정신

加强 jiāqiáng 강화하다, 늘리다

锻炼 duànliàn 신체 활동, 단련, 운동

注意 zhùyì 주의하다, 유의하다

饮食 yǐnshí 음식

起居 qǐjū 일상 생활

有节 yǒujié 규칙적이다, 절제하다

增强 zēngqiáng 강화하다

机体 jītǐ 신체, 유기체

正气 zhèngqì 정기

以及 yǐjí 그리고, 아울러

采用 cǎiyòng (적합한 것을) 골라 쓰다, 선택하여 이용하다

人工免疫 réngōng miǎnyì 인공 면역

和 hé ~와/과

避其毒气 bì qí dúqì 그 독을 피하다

防止 fángzhǐ 방지하다, 막다

疾病 jíbìng 병, 질병

发生 fāshēng 발생하다, 생기다

早期 zǎoqī 조기

诊断 zhěnduàn 진단하다

治疗 zhìliáo 치료하다

根据 gēnjù ~에 근거해서

病情 bìngqíng 병세

传变 chuánbiàn 전이

规律 guīlù 규칙

先安未受邪之地 xiān ān wèi shòu xié zhī dì 아프지 않은 곳을 먼저 다스리다

恶化　èhuà　악화

문형

1) ……包括……个方面 : ……은 ……개 측면을 포함한다, ……에는 ……이 있다.
　bāokuò　ge fāngmiàn

　(1) "治未病"包括两个方面。
　　　Zhì wèi bìng　bāokuò liǎng ge fāngmiàn

　　　미병의 치료는 두 가지 측면을 포함한다.

　(2) 中医的治疗手段包括中药、针灸、拔火罐、四诊。
　　　Zhōngyī de zhìliáo shǒuduàn bāokuò zhōngyào zhēnjiǔ bá huǒguàn sìzhěn

　　　중의의 치료 수단에는 한약, 침과 뜸, 부항, 사진(四诊)이 있다.

　(3) "四诊"包括望诊、闻诊、问诊、切诊。
　　　Sìzhěn　bāokuò wàng zhěn wén zhěn wènzhěn qièzhěn

　　　사진(四诊)은 망진, 문진(聞診), 문진(問診), 절진을 포함한다.

2) 根据…… : ……에 근거하다, ……에 따르다
　gēnjù

　(1) 要根据病情治疗。
　　　Yào gēnjù bìngqíng zhìliáo

　　　병세에 따라서 치료해야 한다.

　(2) 冬天进补要根据体质。
　　　Dōngtiān jìnbǔ yào gēnjù tǐzhì

　　　겨울철에 몸을 보양하려면 체질에 근거해야 한다.

문장 구조

주어(S)+서술어(V)+목적어(O)

중국어의 기본 어순은 주어+서술어+목적어로 대부분의 경우 '주어가 목적어를 하다'로 번역한다.

"治未病" 包括 两个方面　미병 치료는 두 가지 측면을 포함한다.
　　S　　　V　　　O

　단, 是가 서술어인 경우에는 주어+是+목적어를 '주어는 목적어이다'로 번역한다. 针对健康人的"未病先防"에서 针对健康人的는 명사를 수식하는 말이며 명사를 수식하는 관형어에는 구조조사 '的'를 붙여서 나타낸다. 이때의 '的'를 관형어를 만드는 구조조사라고 한다.

　一 是 (针对健康人的)"未病先防", 一 是 (针对已病者的)"既病防变"
　S　V　(꾸며주는 말)　　　　O　　　S　V　(꾸며주는 말)　　　　O

────────────────────────────────
…… : ……
────────────────────────────────

mào hào
문장부호 : (콜론, 반점, 冒号)은 설명을 하거나 대화를 인용할 때 사용한다. 다음 예문에서는 콜론은 항목을 설명하는 용도로 사용되었다.

　"治未病"包括两个方面 : 一是针对健康人的"未病先防", 一是针对已病者的"既病防变"。

복습

1. "治未病"包括哪两个方面？

　────────────────────────────────

　────────────────────────────────

2. "未病先防"的具体措施有哪些？

　────────────────────────────────

　────────────────────────────────

3. "既病防变"的具体措施有哪些？

　────────────────────────────────

　────────────────────────────────

方案 fāng'àn 방안

恶化 èhuà 악화

善后 shànhòu 뒤처리를 잘하다

复发 fùfā 재발하다

阻止 zǔzhǐ 가로막다.

明确 míngquè 명확하다

亚健康 yàjiànkāng 서브 헬스(subhealth), 아건강

愈 yù (병이) 낫다

情志 qíngzhì 정서

의고문医古文

> 是故圣人不治已病, 治未病, 不治已乱, 治未乱, 此之谓也。夫病已成而后药之, 乱已成而后治之, 譬犹渴而穿井, 斗而铸锥, 不亦晚乎。
>
> 《黄帝内经·四气调神大论》

단어 🎧 01-04

是故 shìgù 이러한 이유로

圣人 shèngrén 성인

不治~, 治~ búzhì~, zhì~ ~은 치료하지 않고 ~은 치료한다

已~ yǐ~ 이미 ~하다, 未~ wèi~ 아직 ~하지 않다

此之谓也 cǐ zhī wèi yě 이를 두고 말한다.

夫 fū 무릇

已成而后 yǐ chéng ér hòu 이미 벌어진 이후에

药之 yàozhī 약을 쓰다

譬犹 pìyóu 마치 ~와 같다

不亦晚乎 bú yì wǎn hū 또한 늦지 아니한가?(늦었다) * 不亦樂乎? 또한 즐겁지 아니한가?(즐겁다)
渴而穿井 kě ér chuān jǐng 목이 말라야 비로소 우물을 판다.
斗而铸锥 dòu ér zhù zhuī 전쟁이 나서야 화살(무기)을 만들다.

　이러한 까닭으로 성인은 이미 만들어진 병은 치료하지 않고, 아직 병들지 않은 것을 치료하였으며, 난이 이미 일어난 것을 다스리지 않고, 아직 난이 일어나기 전에 다스렸으니 이것을 말하는 것이다. 무릇 병이 이미 이루어진 뒤에 약을 쓰는 것과 난이 이미 이루어진 뒤에 다스리는 것은 비유하면 갈증이 나서 우물을 파고, 전쟁(다툼)이 일어나서 무기를 제조하는 것과 같으니 또한 늦은 것이 아니겠는가? 《황제내경·사기조신대론》

养生 yǎngshēng
　"养生"一词最早见于《庄子·内篇》, 所谓"生", 是生命 ; 所谓"养", 是保养、调养、补养。养生是保养生命的意思, 是中医的特色内容之一, 是指在中医理论的指导下, 对人体进行科学的调养(包括饮食养生、运动养生、因时养生、睡眠养生等内容), 从而增强体质、预防疾病, 达到益寿延年的目的。

🎧 01-05

养生　yǎngshēng 양생(하다)
生命　shēngmìng 생명
保养　bǎoyǎng (건강을) 잘 관리하다
调养　tiáoyǎng 조리하다
补养　bǔyǎng 보양하다
科学　kēxué 과학적이다

因时　yīnshí 때에 맞게, 적절하게

睡眠　shuìmián 수면

从而　cóng'ér 따라서

增强　zēngqiáng 강화하다

体质　tǐ zhì 체력

预防　yùfáng 예방하다

达到~目的　dádào~mùdì 목적을 달성하다

益寿延年　yìshòu yánnián 수명을 연장하다, 장수하다

해석

　'양생'이라는 단어는 《장자·내편》에서 처음 보이는데, '생'은 생명이고, '양'은 잘 관리하다, 조리하다, 보양하다를 뜻한다. 양생은 생명을 잘 관리하는 것으로 중의학의 특징적인 내용인데, 중의학에서는 인체를 과학적으로 관리함으로써(음식양생, 운동양생, 시기에 맞는 양생, 수면양생 등을 포함함) 체력을 강화하고 질병을 예방하여 수명연장의 목적을 달성하는 것을 의미한다.

第二课

阴阳

음양은 한의학의 주요한 개념이다. 본래 해가 비치는 곳을 양지, 해가 비치지 않는 곳을 음지라고 하듯이, 음과 양은 사물을 2개의 대립된 방면으로 본다는 관점이다. 이를 통해서 자연계를 이해할 뿐 아니라 한의학에서는 인체의 해부, 생리, 병리, 진단 및 치료에 활용하고 있다.

핵심 키워드 : 阴阳, 动静, 属性
                yīnyáng dòngjìng shǔxìng

Yīnyáng shǔ Zhōngguó zhéxué fànchóu Yīnyáng de zuìchū yìyì shì zhǐ rìguāng de
阴阳，属中国哲学范畴。阴阳的最初意义，是指日光的

xiàngbèi xiàngrì wéi yáng bèirì wéi yīn Hòulái jiāng yīnyáng de hányì yǐnshēn wéi
向背，向日为阳，背日为阴。后来将阴阳的含义，引申为

qìhòu de hánnuǎn fāngwèi de shàngxià zuǒyòu nèiwài shìwù yùndòng zhuàngtài de dòng
气候的寒暖、方位的上下、左右、内外，事物运动状态的动

hé jìng Yǐ jùliè yùndòng zhe de wàixiàng de shàngshēng de wēn rè de míng liàng
和静……。以剧烈运动着的、外向的、上升的、温热的、明亮

de wéi yáng de shǔxìng yǐ xiāngduì jìngzhǐ zhe de nèishǒu de xiàjiàng de hánlěng
的为阳的属性；以相对静止着的、内守的、下降的、寒冷

de huì'àn de wéi yīn de shǔxìng Suǒyǐ yīnyáng shì shuōmíng zìránjiè xiānghù
的、晦暗的为阴的属性。所以，阴阳是说明自然界相互

guānlián zhe de xiānghù duìlì zhe de shìwù hé xiànxiàng de xiāngfǎn shǔxìng
关联着的、相互对立着的事物和现象的相反属性。(题库

p.3 No.15)

阴阳　yīnyáng 음과 양, 음양

属　shǔ 속하다

范畴　fànchóu 범주, 범위, 카테고리

意义　yìyì 의미

指　zhǐ 가리키다

日光　rìguāng 햇빛

向　xiàng 향하다

背　bèi 등지다

为　wéi ~이다, ~되다 ＊向日为阳 태양을 향하면 양이다

后来　hòulái 후에, 나중에

将　jiāng ~을/를 ＊将阴阳的含义 음양의 의미를

含义　hányì 의미, 함의

引申　yǐnshēn 확장하다, 확대하다　* 引申为~ ~으로 확장되다

气候　qìhòu 기후, 날씨

寒暖　hánnuǎn 쌀쌀함과 따뜻함, 추위와 더위

状态　zhuàngtài 상태

剧烈　jùliè 격렬하다

着　zhe ~하고 있는　* 运动着 움직이고 있는　静止着 멈춰 있는

属性　shǔxìng 속성

相对　xiāngduì 상대적으로

晦暗　huì'àn 어둡고 캄캄하다

所以　suǒyǐ 그래서

关联　guānlián 관련되다

对立　duìlì 대립되다

相反　xiāngfǎn 상반되다

문형

1) 以……为……: ……을 ……으로 삼다, ……을 ……으로 하다, ……은 ……이다

(1) **以**剧烈运动着的、外向的**为**阳的属性。
　　Yǐ jùliè yùndòng zhe de wàixiàng de wéi yáng de shǔxìng
　　격렬하게 운동하고 있는 것, 외향적인 것은 양의 속성이다.

(2) **以**相对静止着的、内守的**为**阴的属性。
　　Yǐ xiāngduì jìngzhǐ zhe de nèishǒu de wéi yīn de shǔxìng
　　상대적으로 정적인 것, 내향적인 것은 음의 속성이다.

(3) **以**气为阳, 血**为**阴。
　　Yǐ qì wéi yáng xuè wéi yīn
　　기는 양이고 혈은 음이다.

2) (因为)……, 所以……: …… 때문에, 그래서……
　　　yīnwèi　　　 suǒyǐ

(1) **所以**, 阴阳是说明自然界相互关联着的、相互对立着的事物和现象的
　　　Suǒyǐ yīnyáng shì shuōmíng zìránjiè xiānghù guānlián zhe de xiānghù duìlì zhe de shìwù hé xiànxiàng de

xiāngfǎn shǔxìng
相反属性。

그래서, 음양은 자연계의 서로 관련되면서도 서로 대립되는 사물과 현상의 상반되는 속성을 설명한다.

(2)
Zhǐyào qìxuè héshùn　réntǐ zìrán bú huì chū wèntí　Suǒyǐ wǒmen shuō yǎngshēng zuì zhòngyào de yì diǎn
只要气血和顺，人体自然不会出问题。**所以**我们说，养生最重要的一点
jiù shì yǎng qìxuè
就是养气血。

기혈이 순조롭기만 하면 인체에 문제가 발생할 리 없다. 그래서 양생에서 가장 중요한 것이 바로 기혈을 다스리는 것이라고들 말한다.

▶ 문장 구조

주어+将+목적어+서술어+결과를 나타내는 기타 성분

중국어의 기본 어순은 주어+서술어+목적어이지만, 결과를 강조하기 위해서 목적어를 서술어 앞에 두기도 한다. 将은 문어체에서 목적어를 앞으로 이동할 때 필요한 전치사이며 구어에서는 把를 주로 사용한다.

后来　将　　阴阳的含义，引申为 气候的寒暖、方位的上下、左右、内外，事物
　　전치사　　목적어　　서술어　　　　　　　　결과
运动状态的动和静

후에 음양의 의미는 추위와 더위, 방위의 상하, 좌우, 내외, 사물의 운동상태에서 동정으로 확대되었다.

是+동사

是는 '~이다'를 뜻하는 동사이기도 하지만 강조를 나타내기도 한다. 아래 예문에서의 是는 是 다음에 나오는 내용을 강조한다.

阴阳**是**说明(自然界相互关联着的、相互对立着的事物和现象的)相反属性。
　S　　V　　　　　　　(꾸며주는 말)　　　　　　　　　　　O

22

음양은 자연계의 서로 관련되면서도 서로 대립되는 사물과 현상의 상반되는 속성을 설명한다.

------ ; ------

문장부호 ; (세미콜론, 쌍반점, 分号^{fēnhào})은 문장을 나열할 때 사용한다. 다음 예문에서는 세미콜론은 음과 양의 속성을 비교해서 나열하는데 사용되었다.

以剧烈运动着的、外向的、上升的、温热的、明亮的**为**阳的属性；
以相对静止着的、内守的、下降的、寒冷的、晦暗的**为**阴的属性。

격렬하게 움직이고 있는 것, 외향적인 것, 상승하는 것, 따뜻한 것, 밝은 것은 양의 속성이고, 상대적으로 멈춰 있는 것, 내향적인 것, 하강하는 것, 차가운 것, 어두운 것은 음의 속성이다.

복습

1. 阴阳的最初意义是什么？

2. 哪些是阳的属性？

3. 哪些是阴的属性？

人体　réntǐ　인체

疾病　jíbìng　질병

兴奋　xīngfèn　흥분하다

头　tóu　머리

体表　tǐbiǎo　신체 표피

背　bèi　등

平衡　pínghéng　균형

症状　zhèngzhuàng　증상

抑制　yìzhì　억제하다

脚　jiǎo　발

体内　tǐnèi　신체 내부

腹　fù　배

의고문 医古文　🎧 02-04

> 黄帝曰：阴阳者，天地之道也，万物之纲纪，变化之父母，生杀之本始，神明之府也。治病必求于本。故积阳为天，积阴为地。阴静阳躁，阳生阴长，阳杀阴藏。阳化气，阴成形。寒极生热，热极生寒；寒气生浊，热气生清；清气在下，则生飧泄，浊气在上，则生䐜胀。此阴阳反作，病之逆从也。
>
> 《黄帝内经》阴阳应象大论

단어

曰　yuē　~라고 말하다

者　zhě　~라는 것/사람

之　zhī　~의, ~하는

纲纪　gāngjì　기강, 질서

必 bì 반드시

求于 qiúyú ~에서 구하다/찾다

则 zé ~하면

此 cǐ 이, 이것

황제가 말하길, 음양은 천지의 도이며, 만물의 질서(기강)이고, 변화의 근본(부모)이며, 생
사의 근본이고 신명의 창고이다. 병을 치료함에는 반드시 근본에서 찾아야 한다. 그러므로
양이 쌓이면 하늘이 되고, 음이 쌓이면 땅이 된다. 음은 고요하고 양은 조급하며, 양은 생기게
하고 음은 자라게 하며, 양은 죽이고 음은 간직하게 한다. 양은 기로 변하고 음은 형상을
이룬다. 냉기가 극에 달하면 열기가 생기고, 열기가 극에 달하면 냉기가 생긴다. 한기는 탁한
것(탁)이 생기게 하고 열기는 맑은 것(청)이 생기게 한다. 청기가 아래에 있으면 손설(飧泄)이
되고, 탁기가 위에 있으면 진창(䐜胀)이 된다. 이것은 음양이 반복해서 일어나는 것으로 병의
거스르고 따르는 것이다.

《황제내경》 음양응상대론

자율 학습

阴阳互根

　　"阴阳互根"是中医学一个非常重要的概念, 意思是阴与阳都不能离开对方而
单独存在。没有白昼, 就不会有黑夜 ; 没有春夏, 也不会有秋冬。简单地讲, 阴与
阳互为基础, 不可分割。而且, 阴与阳也是互相促进的, 在一定条件下, 阴和阳还
可以各自向相反的方面转化。

概念 gàiniàn 개념

与 yǔ ~와/과

离开 líkāi 떠나다

单独 dāndú 단독으로

存在 cúnzài 존재하다

白昼 báizhòu 낮

黑夜 hēiyè 밤

基础 jīchǔ 기초

分割 fēngē 분할하다, 나누다

促进 cùjìn 촉진하다

条件 tiáojiàn 조건

해석

　음양호근은 중의학에서 매우 중요한 개념으로 음과 양이 서로를 떠나서는 단독으로 존재할 수 없다는 의미이다. 낮이 없으면 밤이 있을 수 없고, 봄과 여름이 없으면 가을과 겨울이 있을 수 없다. 간단히 말하면, 음과 양은 서로 기초가 되며 나뉠 수 없을 뿐 아니라 음과 양은 또한 상호 촉진작용을 하는 것으로 일정한 조건 아래에서 음과 양은 각자 상반된 측면으로 전환하고 변화할 수 있다.

第三课

五行学说

　　오행은 음양과 더불어 한의학의 기초이론이다. 오행은 목, 화, 토, 금, 수라고 하는 5개의 원소에서 출발하여 5개의 속성으로 발전시키고 5개의 상호관계를 상생과 상극으로 설명하고 있다. 이를 통해서 다양한 생리, 병리현상을 설명하고, 진단과 치료에 활용하고 있다.

핵심 키워드: 五行, 相生, 相克
　　　　　　　wǔxíng　xiāngshēng　xiāngkè

Wǔxíng xuéshuō shì Zhōngguó gǔdài yòngyǐ rènshi zìrán jiěshì zìrán hé tànsuǒ
五行学说是中国古代用以认识自然、解释自然和探索

zìrán guīlǜ de yì zhǒng xuéshuō shǔyú Zhōngguó gǔdài wéiwùlùn fànchóu Tā shì yǐ
自然规律的一种学说, 属于中国古代唯物论范畴。它是以

mù huǒ tǔ jīn shuǐ wǔ zhǒng wùzhì de tèxìng qù tuīyǎn luòyì gèzhǒng shìwù de
木、火、土、金、水五种物质的特性去推演络绎各种事物的

wǔxíng shǔxìng bìng yǐ mù huǒ tǔ jīn shuǐ zhījiān xiāngshēng xiāngkè lái chǎnshì shìwù
五行属性,并以木火土金水之间"相生"、"相克"来阐释事物

zhījiān de xiānghù liánxì Yīncǐ wǔxíng xuéshuō rènwéi zìránjiè de yíqiè shìwù
之间的相互联系。因此,五行学说认为自然界的一切事物

dōu shì yóu mù huǒ tǔ jīn shuǐ wǔ zhǒng wùzhì zhījiān de yùndòng biànhuà ér huàshēng de bìng
都是由木火土金水五种物质之间的运动变化而化生的,并

rènwéi wǔxíng zhījiān de xiāngshēng xiāngkè shì zhěnggè wùzhì shìjiè yùndòng biànhuà
认为五行之间的"相生"、"相克"是整个物质世界运动变化

liánjié chéng zhěngtǐ de jīběn fǎzé.
联结成整体的基本法则。(题库 p.6 No.34)

学说　xuéshuō 학설

古代　gǔdài 고대

用以　yòngyǐ ~에 사용되다

认识　rènshi 인식하다

自然　zìrán 자연

解释　jiěshì 해석하다

探索　tànsuǒ 탐색하다

规律　guīlǜ 규율, 규칙

一种　yì zhǒng 일종의, 한 가지의

属于　shǔyú ~에 속하다

唯物论　wéiwùlùn 유물론

范畴　fànchóu 범주, 범위, 카테고리

它　tā 그, 그것

以　yǐ ~로써, ~을 이용해서

物质　wùzhì 물질

特性　tèxìng 특성

推演络绎　tuīyǎn luòyì 연역 추론하다

阐释　chǎnshì 밝히다

并　bìng 또한

之间　zhījiān ~사이의, ~지간

联系　liánxì 연결하다

因此　yīncǐ 따라서

一切　yíqiè 일체, 모든

都　dōu 모두

由　yóu ~로부터

而　ér 그래서, 그리고

化生　huàshēng 변화하다, 생기다

认为　rènwéi 생각하다

整个　zhěnggè 전체

联结成　liánjiéchéng ~으로 연결된다

整体　zhěngtǐ 전체, 총체

基本法则　jīběn fǎzé 기본 법칙

문형

1) ……和……: ……와 ……

(1) 解释自然<u>和</u>探索自然。
Jiěshì zìrán hé tànsuǒ zìrán

　　자연을 해석하고 자연을 탐색하다.

(2) 相生<u>和</u>相克是五行之间的正常关系。
Xiāngshēng hé xiāngkè shì wǔxíng zhījiān de zhèngcháng guānxi

상생과 상극은 오행의 정상적인 관계이다.

2) 属于……范畴 : ……의 범주에 속하다

   (1) 阴阳**属于**中国哲学**范畴**。

     음양은 중국 철학 범주에 속한다.

   (2) 五行说**属于**中国古代唯物论**范畴**。

     오행설은 중국 고대 유물론의 범주에 속한다.

문장 구조

주어+以+목적어+去/来+동사술어+목적어

它是**以**(木、火、土、金、水五种物质的特性)**去推演络绎** 各种事物的五行属性,
S ~으로써   (以의 목적어)   V   O

并**以**(木火土金水之间"相生"、"相克")**来阐释** 事物之间的相互联系。
~으로써   (以의 목적어)   V   O

그것은 나무, 불, 흙, 쇠, 물의 5가지 물질의 특성으로 다양한 사물의 5가지 속성을 추론하고, 나무, 불, 흙, 쇠, 물 사이의 '상생'과 '상극'으로 사물 간의 상호 관계를 밝힌다.

'以~去推演络绎~'과 '以~来阐释~'는 '~로써 연역 추론하다', '~로써 밝히다'이며 去와 来는 동사 앞에서 방향성을 나타내는 성분이므로 번역할 필요는 없다. 是는 뒤에 나오는 말을 강조하고, 以는 전치사로 뒤에 목적어를 가지며, 并은 접속사로 '그리고, 또, 게다가'를 의미한다.

30

1. 五行学说属于什么范畴？

   ....

   ....

2. 五行指的是哪五种物质的属性？

   ....

   ....

3. 五行说的基本法则是什么？

   ....

   ....

어휘 확장 🎧 03-03

肝　gān　간장

心　xīn　심장

脾　pí　비장

肺　fèi　폐

肾　shèn　신장

归纳　guīnà　귀납하다

归属　guīshǔ　귀속하다

特性　tèxìng　특성

对应　duìyìng　대응하다

系统　xìtǒng　계통

范畴　fànchóu　범주

> 黄帝问曰：天有五行, 御五位, 以生寒暑燥湿风, 人有五藏, 化五气, 以生喜怒思忧恐, 论言五运相袭而皆治之, 终期之日, 周而复始, 余已知之矣。
>
> 《黄帝内经》天元纪大论

단어 🎧 03-04

有 yǒu 있다

御 yù 다스리다

以 yǐ ~함으로써 * 御五位, 以生~ 다섯 방위를 다스림으로써 ~을 만들어낸다

相袭 xiāngxí 서로 답습하다

皆 jiē 모두

治 zhì 다스리다

之 zhī 그것

终期之日 zhōng qī zhī rì 끝나는 날

周而复始 zhōu ér fù shǐ 한 바퀴 돌고 다시 시작하다

余 yú 나

已知 yǐ zhī 이미 알다

矣 yǐ 어기조사

해석

황제가 질문하기를 "하늘에는 오행이 있어서 다섯 방위를 다스려 추위, 더위, 건조함, 습기, 바람을 만든다. 사람에게는 오장이 있어서 오기를 변화시킴으로써 기쁨, 노여움, 생각, 근심, 무서움을 생기게 한다. 오운이 서로 계승하여 모두 다스리니 기간이 끝나는 날에 두루 돌아서 다시 시작함을 나는 이미 알고 있다.

《황제내경》 천원기대론

五行法则

　　五行的特性，是指木、火、土、金、水五种物质所具有的特定的性质，是中国古人在长期的生活和实践中逐渐认识和总结出来的。木的特性是生长、升发和能屈能伸；火的特性是发热、温暖和向上；土的特性是承载和生化，使万物生长；金的特性是变革和肃杀，引申为潜降、收敛；水的特性是滋润、下行和闭藏。

단어　🎧 03-05

所　suǒ ~하는 바

具有　jùyǒu 갖추다

特性　tèxìng 특성

特定　tèdìng 특정

逐渐　zhújiàn 차츰

总结出来　zǒngjié chūlái 정리해내다, 요약해내다

屈　qū 굽히다

伸　shēn 뻗다

承载　chéngzài 담다, 견디다

生化　shēnghuà 낳아 기르다

使　shǐ ~로 하여금 ~하게 하다

变革　biàngé 변혁

肃杀　sùshā 숙살, 숙청

引申为　yǐnshēn wéi ~으로 확장되다

潜降　qiánjiàng 가라앉다

收敛　shōuliǎn 수렴하다

滋润　zīrùn 촉촉하게 하다

下行　xiàxíng 내려가다

闭藏　bìcáng 보관하다

해석

　오행의 특성은 나무, 불, 흙, 금, 물의 5가지 물질이 가지고 있는 특정한 성질을 말하며, 중국 고대인들이 오랜 생활과 실천에서 점차 인식하고 요약해 낸 것이다. 나무의 특성은 성장, 상승, 굽힐 수 있고 뻗을 수 있다는 것이며, 불의 특성은 발열, 온난, 상향이고, 토의 특성은 담다, 낳고 기르는 것이며, 금의 특성은 변혁과 숙청인데 가라앉다, 수렴하다로 의미가 확장되었고, 물의 특성은 촉촉하게 하다, 내려가다, 보관하는 것이다.

第四课

藏象学说

장상학설은 한의학의 기초이론 중 하나의 학설이다. 몸속의 내장이 체외로 나타내는 여러 현상으로 생리, 병리, 징후를 통해서 나타난다. 밖에 있는 현상의 관찰을 통해 내장의 활동 원리를 연구하여 내장의 실질을 이해하고자 하는 것이다.

핵심 키워드: 藏象(zàngxiàng), 生理(shēnglǐ), 病理(bìnglǐ)

zàngxiàng xuéshuō shì tōngguò duì réntǐ shēnglǐ bìnglǐ xiànxiàng de guānchá yánjiū
"藏象学说",是通过对人体生理、病理现象的观察,研究

réntǐ gègè zàngfǔ de shēnglǐ gōngnéng bìnglǐ biànhuà jí qí xiānghù guānxì de xuéshuō
人体各个脏腑的生理功能、病理变化及其相互关系的学说。

Zàngxiàng xuéshuō zài zhōngyī lǐlùn tǐxì zhōng zhànyǒu jíqí zhòngyào de dìwèi duìyú
藏象学说在中医理论体系中占有极其重要的地位,对于

chǎnmíng réntǐ de shēnglǐ hé bìnglǐ zhǐdǎo línchuáng shíjiàn jùyǒu pǔbiàn de zhǐdǎo
阐明人体的生理和病理,指导临床实践,具有普遍的指导

yìyì Shì línchuáng gèkē biànzhèng lùnzhì de jīchǔ suǒyǐ yǒu yèyī bùmíng zàngfǔ
意义。是临床各科辨证论治的基础,所以有"业医不明脏腑;

zé bìngyuán mòbiàn yòngyào wúfāng de shuōfǎ
则病源莫辨,用药无方"的说法。(题库 p.11 No.65)

通过　tōngguò　~을 통해서

对　duì　~에 대해서

人体　réntǐ　인체

生理　shēnglǐ　생리

病理　bìnglǐ　병리

现象　xiànxiàng　현상

观察　guānchá　관찰

研究　yánjiū　연구하다

脏腑　zàngfǔ　오장과 육부를 줄인 말로, 내장을 가리킴.

功能　gōngnéng　기능

变化　biànhuà　변화

及其　jíqí　~와, ~ 및

相互　xiānghù　상호, 서로 간

关系　guānxi　관계

学说　xuéshuō　학설

理论　lǐlùn　이론

体系　tǐxì　체계, 시스템

占有　zhànyǒu　점유하다, 차지하다

极其　jíqí　매우

重要　zhòngyào　중요하다

地位　dìwèi　지위

对于　duìyú　~에 대하여

阐明　chǎnmíng　밝히다

指导　zhǐdǎo　지도하다

临床　línchuáng　임상

实践　shíjiàn　실천, 실행, 실습, 이행

具有　jùyǒu　갖다　＊ 具有~意义　~한 의의를 갖는다

普遍　pǔbiàn　보편적으로

意义　yìyì　의미

各科　gèkē　각 (진료)

辨证论治　biànzhèng lùnzhì　한의학적 이론에 기초하여 병을 진단하고 이를 종합·분석하여
음양, 허실, 표리, 한열 따위로 병증을 구분하여 치료하는 것

基础　jīchǔ　기초

所以　suǒyǐ　따라서

业医　yèyī　의사

不明　bùmíng　잘 모르다

病源　bìngyuán　병의 근원

莫　mò　~않다, ~못하다

辩辨　biàn　가리다, 변별하다

用药　yòngyào　약을 쓰다

无方　wúfāng　방법이 없다

说法　shuōfǎ　의견

1) 通过……: ……을 통해서

    ^{Tōngguò}

  (1) **通过**对人体生理、病理现象的观察
     Tōngguò duì réntǐ shēnglǐ bìnglǐ xiànxiàng de guānchá

     인간의 생리, 병리 현상에 대한 관찰을 통해서

  (2) 古代医学家**通过**长期观察, 认为人体也有阴阳的属性。
     Gǔdài yīxuéjiā tōngguò chángqī guānchá rènwéi réntǐ yě yǒu yīnyáng de shǔxìng

     고대의 의학자들은 장기간 관찰을 통해서 인체에도 음양의 속성이 있다고 여겼다.

  (3) 中医**通过**"望、闻、问、切"四诊来确定患病的部位和性质。
     Zhōngyī tōngguò wàng wén wèn qiè sìzhěn lái quèdìng huànbìng de bùwèi hé xìngzhì

     중의학은 보고, 듣고, 묻고, 맥을 짚는 네 가지로 병의 부위와 성질을 확정한다.

2) 具有……意义: ~한 의의(의미)를 지니다

  (1) **具有**指导**意义**
     jùyǒu zhǐdǎo yìyì

     지침의 의미를 갖는다

  (2) 中医药学历史悠久, **具有**十分重要的作用和**意义**。
     Zhōngyī yàoxué lìshǐ yōujiǔ jùyǒu shífēn zhòngyào de zuòyòng hé yìyì

     중의약학은 역사가 유구하며 매우 중요한 역할과 의의를 갖는다

藏象学说	是	学说
주어	동사술어	목적어

'是'는 목적어를 갖는 동사로 '~이다'로 번역한다.

通过	(对人体生理、病理现象)的		观察
전치사	(관형어)	的	목적어

명사성분을 수식하는 성분을 '관형어'라고 하며, 관형어+的+중심어로 '的'는 관형어를 만드는 성분이고, ',' 는 단어를 나열할 때 사용하는 문장부호이다. 즉 '인체의 생리와 병리 현상에 대한 관찰을 통해서'로 번역할 수 있다.

研究	(人体各个脏腑)的		生理功能、病理变化及其相互关系
동사술어	(관형어)	的	목적어

'人体各个脏腑的'는 '生理功能、病理变化及其相互关系'를 수식하는 관형어이다.

복습

1. "藏象学说"一种研究什么的学说?

....

....

2. "藏象学说"具有什么指导意义?

....

....

어휘 확장 🎧 04-03

藏　cáng 간직하다

肝藏血　gān cáng xuè 간은 혈을 간직한다.

心藏神　xīn cáng shén 심은 정신을 간직한다.

肾藏精　shèn cáng jīng 신은 정을 간직한다.

现象　xiànxiàng 현상

表象　biǎoxiàng 표상

心者，生之本，神之变也；其华在面，其充在血脉，为阳中之太阳，通于夏气。肺者，气之本，魄之处也；其华在毛，其充在皮，为阳中之太阴，通于秋气。

《黄帝内经》六节藏象论

단어 🎧 04-04

心 xīn 심장

者 zhě (이라는) 것

生 shēng 생명

之 zhī ~의

本 běn 근본

神 shén 정신

变 biàn 변화

其 qí 그

华 huá 영화

在 zài (~에) 있다

面 miàn 얼굴

充 chōng 충실

血脉 xuèmài 혈맥

为 wéi (~)이다

阳 yáng 양

中 zhōng 중, 가운데

太阳 tàiyáng 태양

通于 tōngyú (~에) 통하다

夏气 xiàqì 여름 기운

肺 fèi 폐

魄 pò 넋(정신이나 마음), 몸, 형체

处 chù 처소
毛 máo 털
皮 pí 피부
秋气 qiūqì 가을 기운

심은 발생하는 것의 근본이며, 신의 변화된 것이다. 그 영화는 얼굴에 있고 그 가득찬 것은 혈맥에 있으니 양중의 태양이며, 여름의 기운에 통한다.

폐는 기의 근본이고, 백이 머무는 곳이다. 그 영화는 털에 있고 그 가득찬 것은 피부에 있으니 양중의 태음이며 가을의 기운에 통한다.

<황제내경> 육절장상론

자율 학습

"藏象"的"藏", 是藏匿、隐藏的意思。就人体来讲, 内脏隐藏在体内, 所以"藏"主要指内脏。"象"指现象、表象, 它指的是脏腑活动的外在表现。内在的脏腑虽然看不见, 外在的现象却是可以直接观察到的, 它们紧密联系在一起。研究藏与象相互关系的学问称为"藏象学说", 它指导中医大夫如何透过现象看本质。

단어 04-05

藏匿 cángnì 은닉하다
隐藏 yǐncáng 숨기다
意思 yìsi 의미
就~ 来讲~ jiù~ láijiǎng~ 로 말하면
内脏 nèizàng 내장
活动 huódòng 활동하다
外在表现 wàizài biǎoxiàn 외재 표현

内在　nèizài　내재(안에 있다)

虽然~却~　suīrán~què~　비록 ~일지라도 그러나

看不见　kànbujiàn　보이지 않는다

可以　kěyǐ　~할 수 있다

直接　zhíjiē　직접

观察　guānchá　관찰하다

紧密　jǐnmì　긴밀하다

联系　liánxì　연결하다

在一起　zài yìqǐ　함께

研究　yánjiū　구하다

与　yǔ　~와

学问　xuéwèn　학문

称为　chēngwéi　~라고 부르다

大夫　dàifu　의사

如何　rúhé　어떻게

透过　tòuguò　~을 통해서

本质　běnzhì　본질

　'장상'의 '장'은 '은닉하다, 숨기다'를 뜻한다. 인체에서 내장은 체내에 숨겨져 있으므로 '장'은 주로 내장을 뜻한다. '상'은 현상과 표상을 말하며 내장 활동의 외부 표현을 말한다. 내장은 보이지 않지만 외부 현상은 직접 관찰할 수 있으며 이들은 밀접하게 연결된다. 내장과 표상의 상호 관계를 연구하는 학문을 '장상이론'이라고 하는데 중의사에게 현상을 통해 본질을 보는 방법을 안내한다.

第五课

脏腑

　　장부란 오장과 육부의 줄임말로, 오장은 간, 심, 비, 폐, 신을 말하고, 육부란 담, 소장, 위, 대장, 방광, 삼초를 말한다. 오장은 음양에서 음이 되므로 인체의 정미로운 물질을 저장하고 밖으로 내보내지 않고, 육부는 음양에서 양이 되어 인체의 정미로운 물질을 사용하고 탁하게 변화된 노폐물을 밖으로 내보내는 역할을 한다. 한의학에서 사용하는 장부는 서양의학의 장부와 달리 좀 더 포괄적인 개념으로 사용된다.

핵심 키워드: 脏腑，水谷，精气

zàngfǔ　　shuǐgǔ　　jīngqì

Zàng yǔ fǔ de qūbié zhǔyào yǒu zài jiěpōu xíngtàixué fāngmiàn zàng duō wéi shízhìxìng
脏与腑的区别主要有：在解剖形态学方面，脏多为实质性

zàngqì fǔ duō wéi kōngqiāngxìng qìguān Zài shēnglǐ gōngnéng fāngmiàn zàng de tèxìng shì
脏器，腑多为空腔性器官。在生理功能方面，脏的特性是

huàshēng hé zhùcáng jīngqì fǔ de tèxìng shì shòushèng hé chuánhuà shuǐgǔ Yóuyú jīngqì
化生和贮藏精气，腑的特性是受盛和传化水谷。由于精气

chén mǐsǎn zhuàngtài chōngmǎn yú wǔzàng gù shuō mǎn ér bù shí shuǐgǔ shíwù de
呈涿散状态充满于五脏，故说"满而不实"；水谷食物的

shòushèng hé chuánhuà chéng wèishí ér cháng xū cháng shí ér wèi xū gù shuō shí ér bù
受盛和传化，呈胃实而肠虚、肠实而胃虚，故说"实而不

mǎn Yóuyú jīngqì shì wéichí shēngmìng huódòng de jīběn wùzhì bù yīng wúgù liúshī
满"。由于精气是维持生命活动的基本物质，不应无故流失，

gù shuō cáng ér bú xiè shuǐgǔ shíwù bù néng jiǔliú yú tǐnèi bìxū zhuǎnhuà
故说"藏而不泻"；水谷食物，不能久留于体内，必须传化

wéi zāopò páichū tǐwài gù shuō xiè ér bù cáng
为糟粕排出体外，故说"泻而不藏"。(题库 p.11 No.67)

与　yǔ　~와/과

区别　qūbié　차이점

主要　zhǔyào　주로

解剖　jiěpōu　해부

形态　xíngtài　형태

实质性　shízhìxìng　실질적인

脏器　zàngqì　장기

空腔性　kōngqiāngxìng　속이 빈

器官　qìguān　기관

生理　shēnglǐ　생리

功能　gōngnéng　기능

化生　huàshēng　변화하다

贮藏　zhùcáng　저장하다

精气　jīngqì　정기

受盛　shòushèng　넘겨 받다

传化　chuánhuà　전환하다

水谷　shuǐgǔ　수곡

由于　yóuyú　~때문에

呈　chéng　드러나다　* 呈~状态　~한 상태로

泝散　mǐsǎn　꽉 차서 퍼지다

状态　zhuàngtài　상태

充满　chōngmǎn　가득하다

满而不实　mǎn ér bù shí　가득 차 있지만 견고하지 않다

食物　shíwù　음식물

实而不满　shí ér bù mǎn　견고하지만 가득 차지 않는다

维持　wéichí　유지하다

藏而不泻　cáng ér bú xiè　저장하고 배출하지 않는다

泻而不藏　xiè ér bù cáng　배출하고 저장하지 않는다

基本　jīběn　기본

物质　wùzhì　물질

应　yīng　~해야 한다

无故　wúgù　까닭없이

流失　liúshī　내보내다, 흘려보내다

必须　bìxū　반드시

糟粕　zāopò　찌꺼기

排出　páichū　배출하다

1) ……与…… : ……와 ……

　　　Zàng yǔ fǔ yǒu bùtóng de zhízé
(1) 藏**与**腑有不同的职责。

장과 부는 다른 역할을 한다.

Jīng yǔ shén shì gòuchéng réntǐ de jīběn wùzhì
(2) 精**与**神是构成人体的基本物质。

정과 신은 인체를 구성하는 기본 물질이다.

Wǔxíng yǔ yīnyáng yíyàng dōu shǔyú Zhōngguó gǔdài zhéxué fànchóu
(3) 五行**与**阴阳一样, 都属于中国古代哲学范畴。

오행은 음양과 마찬가지로 중국 고대 철학 범주에 속한다.

zài fāngmiàn
2) 在……方面 : …… 측면/방면에서

Zài yǐnshí fāngmiàn xūyào duō jiā zhùyì búyào chī xīnlà yóunì de shíwù
(1) **在**饮食**方面**需要多加注意, 不要吃辛辣、油腻的食物。

음식에서는 더 주의를 해야하는데, 맵고 기름진 음식을 먹으면 안된다

Yàoshī yīng zài hélǐ yòngyào fāngmiàn fāhuī gèng dà de zuòyòng
(2) 药师应**在**合理用药**方面**发挥更大的作用。

약사는 합리적으로 약을 사용하는데 더 큰 역할을 해야 한다.

由于精气呈渀散状态充满于五脏, **故**说"满而不实"

'由于……, 故……'는 '…… 때문에, 그래서……'로 번역한다. '充满于……'에서 '于'는 고문에서 주로 사용하는 전치사로 목적어를 갖는다. '~에 가득 차다'이다.

복습

1. 什么是"满而不实"?

....

....

2. 什么是"实而不满"？

....

....

3. 什么是"藏而不泻"？

....

....

▶ 어휘 확장   🎧 05-03

胆　dǎn　담낭, 쓸개

小肠　xiǎocháng　소장

胃　wèi　위장

大肠　dàcháng　대장

肪胱　pángguāng　방광

三焦　sānjiāo　삼초(상초, 중초, 하초)

의고문医古文

> 所谓五藏者, 藏精气而不泻也, 故满而不能实; 六府者, 传化物而不藏, 故实而不能满也。
>
> 《黄帝内经》五藏别论

단어　🎧 05-04

所谓　suǒwèi　~라는 것은

五藏　wǔzàng　오장(五脏)

藏　cáng　간직하다

精气 jīngqì 정기

而 ér 접속사로 순접과 전환 관계를 모두 나타낼 수 있다. ~고, ~지만, ~는데

不能 bù néng ~할 수가 없다

六府 liùfǔ 육부(六腑)

해석

이른바 오장이라는 것은 정기를 간직하여 배출하지 않으므로 가득 채우되 실해지지 않고,
육부란 변화된 물질을 전도시키지만 간직하지 않으므로 실해지지만 가득 차지지는 않는다.

《황제내경》 오장별론

자율 학습

五脏

五脏, 指的是肝、心、脾、肺、肾, 主藏气、藏血、藏精和藏神, 它们都具有"藏"的
特点。五脏中, 心主血脉, 又是精神、意识和思维活动的中心, 在人体中处于最高
主导地位。肺主气, 处于辅佐地位。肝主藏血, 并负责疏通和调达人体的气, 使气
的运行通畅。脾主运化, 负责饮食的消化吸收, 并把精微物质输送到全身。肾主
藏精, 与人体的生长、发育和生殖相关, 还调节水液的代谢。

단어 🎧 05-05

指的是 zhǐde shì 가리키는 것은 ~이다. 즉 ~을 가리키다

主 zhǔ 주관하다

在~中 zài~zhōng ~중에서

处于 chǔyú ~에 위치하다

最高 zuìgāo 최고의

主导 zhǔdǎo 주도적이다

地位　dìwèi 지위

辅佐　fǔzuǒ 보조적이다

并　bìng 또한, 게다가

负责　fùzé 책임지다

疏通　shūtōng 소통하다

调达　tiáodá 잘 통하다, 조달하다

使　shǐ ~로 하여금

运行　yùnxíng 운행하다

通畅　tōngchàng 원활하다

精微　jīngwēi 정미

해석

　오장은 간, 심장, 비장, 폐, 신장을 말하며 주로 기, 혈, 정, 신을 간직하는데, 오장은 '간직하는' 특징이 있다. 오장 중 심장은 혈맥을 주관하며, 정신, 의식, 사고 활동의 중심으로, 인체에서 가장 지배적인 위치에 있다. 폐는 기를 주관하며 보조적인 위치에 있다. 간은 피를 저장하여 인체의 기를 소통하고 조달하여 기의 흐름을 원활하게 하는 것을 책임진다. 비장은 운반을 주관하여, 음식의 소화와 흡수를 책임지며 정미 물질을 전신으로 운반한다. 신장은 정기를 주관하여 인체의 생장, 발육, 생식과 관련이 있으며 수액의 대사를 조절한다.

第六课

气

기는 한의학에서 중시하는 정, 기, 신 중의 하나이며, 인체를 이루는 기본 물질 중의 하나이다. 인체가 정상적인 생명활동을 유지하게 하는 에너지원이 된다. 기의 종류는 매우 많은데, 자연에 있는 기, 수곡에 있는 기, 인체내에 운행하는 영기, 위기, 맥을 따라 흐르는 맥기, 오장육부가 간직하고 있는 기 등 다양한 기가 있다.

핵심 키워드: 气，基本物质，生命活动
qì，jīběn wùzhì，shēngming huódòng

Qì shì yì zhǒng zìrán xiànxiàng Zhōngguó gǔdài zhéxué zhōng jiāng qì rènzuò shì gòuchéng
气, 是一种自然现象, 中国古代哲学中将气认作是构成

shìjiè de zuì jīběn wùzhì yǔzhòu jiān de yíqiè shìwù dōu shì yóu qì de yùndòng
世界的最基本物质, 宇宙间的一切事物, 都是由气的运动

biànhuà ér chǎnshēng de Zhèzhǒng guāndiǎn bèi yǐnjìn yīxué lǐngyù rènwéi qì shì búduàn
变化而产生的。这种观点被引进医学领域, 认为气是不断

yùndòng zhe de jùyǒu hěn qiáng huólì de jīngwēi wùzhì shì gòuchéng réntǐ de zuì
运动着的具有很强活力的精微物质, 是构成人体的最

jīběn wùzhì yòu shì wéichí réntǐ shēngmìng huódòng de zuì jīběn wùzhì Zhè jíshì qì
基本物质, 又是维持人体生命活动的最基本物质。这即是气

de jīběn gàiniàn
的基本概念。(题库 p.34 No.225)

种 zhǒng 가지, 종류

自然 zìrán 자연

现象 xiànxiàng 현상

哲学 zhéxué 철학

将 jiāng ~을/를

认作 rènzuò ~라고 여기다, 생각하다

构成 gòuchéng 구성하다

世界 shìjiè 세계

最 zuì 가장

基本 jīběn 기본적인

物质 wùzhì 물질

宇宙 yǔzhòu 우주

间 jiān 간, 사이

一切 yíqiè 모든

事物 shìwù 사물

都　dōu 모두

运动　yùndòng 운동하다, 움직이다

变化　biànhuà 변화하다

产生　chǎnshēng 발생하다, 생산하다

观点　guāndiǎn 관점

被　bèi ~에 의해서 ~되다

引进　yǐnjìn 도입하다

医学　yīxué 의학

领域　lǐngyù 영역

认为　rènwéi ~라고 여기다, 생각하다

不断　búduàn 부단히

具有　jùyǒu ~을 갖다

很　hěn 매우

强　qiáng 강하다

活力　huólì 활력

精微　jīngwēi 정미

维持　wéichí 유지하다

人体　réntǐ 인체

生命　shēngmìng 생명

活动　huódòng 활동

概念　gàiniàn 개념

문형

1) 将……认作 / 称作……: ……을 ……라고 여기다, 생각하다

(1) 中国古代哲学中 <u>将</u>气<u>认作</u>是构成世界的最基本物质。

　　중국 고대철학에서는 기를 세계를 구성하는 가장 기본적인 물질이라고 생각한다.

(2) 将心、肝、脾、肺、肾**称作**五脏。

　　Jiāng xīn　gān　pí　fèi　shèn chēngzuò wǔzàng

심장, 간장, 비장, 폐, 신장을 오장이라고 부른다.

(3) 人们**将**精、气、神**称作**人体的"三宝"。

　　Rénmen jiāng jīng　qì　shén chēngzuò　réntǐ　de　sānbǎo

사람들은 정, 기, 신을 인체의 '삼보'라고 부른다.

2) 是……的 : 是……的 사이에 나오는 말을 강조한다, 是……的 강조용법이라고 부른다

(1) 宇宙间的一切事物, 都**是**由气的运动变化而产生**的**。

　　Yǔzhòu jiān de yíqiè shìwù　dōu shì yóu qì　de yùndòng biànhuà　ér chǎnshēng de

우주의 모든 사물은 기의 운동 변화로 만들어진 것이다. '由气的运动变化而产生'를 강조한다.

(2) 我的病**是**用针灸疗法治好**的**。

　　Wǒ de bìng shì yòng zhēnjiǔ　liáofǎ　zhìhǎo　de

나의 병은 침구 요법으로 좋아졌다. '用针灸疗法治好'을 강조한다.

문장 구조

气	是	(不断运动着)的	(具有很强活力)的	精微物质
주어	동사술어	(관형어) 的	(관형어) 的	목적어

'着'는 '~하고 있다'를 뜻하며 진행이나 지속의 상태를 나타내는 조사이다. 해석은 '기는 부단히 움직이는 활력이 강한 정미 물질이다'라고 할 수 있다.

복습

1. 中国古代哲学中的"气"是什么？

....

....

2. 医学领域中的"气"是什么？

....

....

元气　yuánqì　원기, 정기, 생명력

营气　yíngqì　영기

卫气　wèiqì　위기

宗气　zōngqì　종기

胃气　wèiqì　위기

肝气　gānqì　간기

气短　qìduǎn　숨이 짧다

气喘　qìchuǎn　숨이 차다

气功　qìgōng　기공

의고문 医古文

余知百病生于气也。怒则气上, 喜则气缓, 悲则气消, 恐则气下, 寒则气收, 炅则气泄, 惊则气乱, 劳则气耗, 思则气结。

《黄帝内经》举痛论

단어　🎧 06-04

余　yú　나

知　zhī　알다

百病　bǎibìng　모든 병

生于　shēngyú　~에서 발생한다

怒　nù 노하다

则　zé ~하면

上　shàng 오르다

喜　xǐ 기쁘다

缓　huǎn 이완되다

悲　bēi 슬프다

消　xiāo 소모되다

恐　kǒng 두려워하다

下　xià 내려가다

寒　hán 춥다

收　shōu 수축하다

炅　jiǒng 덥다

泄　xiè 배출하다

惊　jīng 놀라다

乱　luàn 흐트러지다

劳　láo 힘을 쓰다, 피로하다

耗　hào 소모되다

思　sī 생각하다

结　jié 맺히다

해석

  나는 모든 병이 기에서 생기는 것을 안다. 화를 내면 기가 위로 올라가고, 기뻐하면 기가
느슨해지며, 슬퍼하면 기가 소모되고, 무서워하면 기가 아래로 내려가며, 추우면 기가 거둬지고,
더우면 기가 배출되며, 놀라면 기가 흐트러지고, 힘을 쓰면 기가 소모되며, 생각하면 기가
맺힌다.

《황제내경》 거통론

气

　　中国古代的哲人认为"气"是构成宇宙的最基本物质，天、地、人、植物、动物等都是由气构成的。气是无形的，但当气聚合到一起，就形成了有形的实体，形成了自然界的万物。自然界万物的生长收藏、寒暑交替、昼夜往来，都是气运动变化的结果。

단어　🎧 06-05

哲人　zhérén　철학자
构成　gòuchéng　구성하다
宇宙　yǔzhòu　우주
聚合　jùhé　모이다
实体　shítǐ　실체
收藏　shōucáng　보존
交替　jiāotì　교체

해석

　　중국 고대 철학자들은 '기'를 우주를 구성하는 가장 기본적인 물질이고, 하늘·땅·사람·식물·동물 등은 모두 기로 구성되었다고 생각했다. 기는 무형의 것이지만, 기가 모이면 유형의 실체가 형성되고 자연계의 만물이 형성된다. 자연계 만물의 생장과 보존, 추위와 더위의 교대, 밤과 낮의 왕래는 모두 기가 운동하고 변화한 결과이다.

第七课 血

한의학에서 말하는 혈은 서양의학의 적혈구 뿐만 아니라, 혈장(진액)성분까지 포괄하는 광범위한 표현이다. 혈은 음식에서 섭취한 영기와 진액으로 만들어지며 인체를 순환하면서 각 구성 부분이 적절하게 기능하기 위해서 필수적인 물질이다.

핵심 키워드: 血, 营气, 津液

Xuè   zhǔyào   yóu   yíngqì   hé   jīnyè   suǒ zǔchéng   Yíngqì   hé   jīnyè   dōu   láizì
血, 主要 由 营气 和 津液 所 组成。营气 和 津液, 都 来自

píwèi   yùnhuà gōngnéng duì   yǐnshíwù   de xiāohuà   xīshōu   ér shēngchéng de   shuǐgǔ   jīngwēi
脾胃 运化 功能 对 饮食物 的 消化 吸收 而 生成 的 水谷 精微,

gù chēng   píwèi   wéi   qìxuè   shēnghuà zhī yuán   Xuè de shēngchéng   zhǔyào   shì   tōngguò   yíngqì
故 称"脾胃 为 气血 生化 之 源"。血 的 生成, 主要 是 通过 营气

de   mì qí   jīnyè   shàng zhù yú fèimài   de   zuòyòng   ér huàshēng chéng   xuèyè
的 "泌其津液", "上注于肺脉" 的 作用, 而 化生 成 血液。

Cǐwài   píwèi   de   yùnhuà   gōngnéng   yòu   yīlài   yú shèn zhōng jīngqì   de   zhēngténg qìhuà
此外, 脾胃 的 运化 功能, 又 依赖 于 肾 中 精气 的 蒸腾 气化,

jīng yǔ xuè yòu néng hùshēng   hùhuà   gù   xuèyè   de huàshēng yǔ jīng yì yǒuguān
精 与 血 又 能 互生 互化, 故 血液 的 化生 与 精 亦 有关。(题库

p.37 No.249)

主要 zhǔyào 주로

由 yóu ~이/가 * 주체를 표시함 由营气和津液所组成 영기와 진액으로 구성된다

营气 yíngqì 영기

津液 jīnyè 진액

所 suǒ ~하는 바

组成 zǔchéng 구성하다, 이루다

都 dōu 모두

来自 láizì ~로부터 오다, ~에서 비롯되다,

运化 yùnhuà 움직이다

功能 gōngnéng 기능

消化 xiāohuà 소화하다

吸收 xīshōu 흡수하다

水谷 shuǐgǔ 수곡

精微 jīngwēi 정미

称   chēng ~로 부르다/칭하다

气血   qìxuè 기혈

生化   shēnghuà 발생하다

源   yuán 원천

通过   tōngguò ~을 통해서

泌   mì 분비하다

注   zhù 주입하다

作用   zuòyòng 작용

此外   cǐwài 이밖에

依赖   yīlài 의지하다

于   yú ~에게

精气   jīngqì 정기

蒸腾气化   zhēngténg qìhuà 증등기화

互生   hùshēng 서로 발생하다

互化   hùhuà 서로 변화하다

化生   huàshēng 변화 발생하다

有关   yǒuguān 관련 있다

문형

1) 由……所组成: ……으로 이루어지다
   yóu   suǒ zǔchéng

   (1) 血, 主要由营气和津液所组成。
      Xuè   zhǔyào yóu yíngqì hé jīnyè suǒ zǔchéng

      혈액은 주로 영기와 진액으로 이루어진다.

   (2) 中医的诊察方法由望、闻、问、切所组成。
      Zhōngyī de zhěnchá fāngfǎ yóu wàng wén wèn qiè suǒ zǔchéng

      중의의 진찰 방법은 망진, 문진(聞診), 문진(問診), 절진으로 이루어진다.

   (3) 《本草纲目》一共由五十二卷所组成。
      Běncǎo gāngmù   yígòng yóu wǔshí'èr juàn suǒ zǔchéng

<본초강목>은 모두 52권으로 이루어진다.

2) 依赖于······ : ······에 의지하다, 의존하다

   (1) 脾胃的运化功能, 又**依赖于**肾中精气的蒸腾气化

   비장과 위장의 운동 기능은 신장에서 정기의 증등기화에 의존한다.

   (2) 要全面把握病情, 仅仅**依赖于**切脉是不够的。

   병세를 전체적으로 파악하려면 맥을 짚는 것에만 의존해서는 부족하다.

문장 구조

营气和津液,	都	来自	(脾胃运化功能对饮食物的消化吸收而生成)的		水谷精微。
주어	부사어	서술어	(관형어)	的	목적

  '都'는 부사어로 서술어를 수식하고, '来自'는 '~로부터 나오다'. 즉 '영기와 진액은 모두 수곡 정미에서 나온다'이다.

복습

1. 血是由什么组成的？

  ....

  ....

2. 血的生成, 主要是通过什么作用？

  ....

  ....

🎧 07-03

血液　xuèyè　혈액

血脉　xuèmài　혈맥

血管　xuèguǎn　혈관

血型　xuèxíng　혈액형

血压　xuèyā　혈압

血栓　xuèshuān　혈전

血虚　xuèxū　혈허, 빈혈증

瘀血　yūxuè　어혈

贫血　pínxuè　빈혈

의고문医古文

"中焦受气取汁，变化而赤，是谓血。"

《黄帝内经》决气篇

단어 🎧 07-04

中焦　zhōngjiāo　중초

受　shòu　받아들이다

气　qì　기

取　qǔ　취하다

汁　zhī　즙

赤　chì　적색으로 되다

谓　wèi　말하다, 부르다

▶ 해석

중초에서 기를 받고 즙을 취해서 변화되어 붉게 된 것, 이것을 일러 혈이라 한다.

《황제내경》 결기편

▶ 자율 학습

血液循脉运行周身, 内至脏腑, 外达肢节, 周而复始。如因某种原因, 血液在脉中运行迟缓涩滞, 停积不行则成瘀血。若因外伤等原因, 血液不在脉中运行而逸出脉外, 则形成出血, 称为"离经之血"。离经之血若不能及时排出或消散, 则变为瘀血。离经之血及瘀血均失去了血液的正常生理功能。(출처: bike.baidu.com[1])

▶ 단어 🎧 07-05

运行 yùnxíng 운행하다

周而复始 zhōu'érfùshǐ 돌아서 다시 시작한다

迟缓 chíhuǎn 느려지다

涩滞 sèzhì 정체되다

停积 tíngjī 정지하여 쌓이다

瘀血 yūxuè 어혈

离经之血 lí jīng zhī xuè 이경지혈, 경맥을 떠난 피

生理 shēnglǐ 생리

▶ 해석

혈액이 맥을 따라서 전신을 운행하고 안으로 장부에 다다르고 밖으로 상하지의 관절에 다다르며 돌아서 다시 시작한다. 만약 어떤 원인으로 혈액이 맥중에서 운행이 느려지고 정체

---

1) bike.baidu.com/item/血/20297432?fr=aladdin

되어 쌓여서 움직이지 않게 되면 어혈을 이루게 된다. 만약 외상 등의 원인으로 혈액이 맥중에서 운행을 하지 않고 맥 밖으로 벗어나면 출혈을 이루게 되는데 이것을 일러 '이경지혈'이라고 한다. 이경지혈은 만약 제 때에 배출되거나 해소되어 흩어지지 않으면 변해서 어혈이 된다. 이경지혈과 어혈은 모두 혈액이 정상적 생리작용을 상실한 것이다.

第八课

津液

　한의학에서 말하는 진액은 인체에 있는 모든 수액을 말하며, 눈물, 콧물과 같은 각종 분비물과 장부조직에 스며들어서 원활하게 움직이게 하는 모든 액체성 물질을 총괄하여 말한다.

핵심 키워드: 津液, 水液, 滋润

jīnyè　　shuǐyè　　zīrùn

Jīnyè   shì tǐnèi   yíqiè zhèngcháng shuǐyè de zǒngchēng bāokuò gè zàngfǔ zǔzhī
津液,是体内一切正常水液的总称,包括各脏腑组织

qìguān zhōng de nèizài tǐyè jí qí zhèngcháng de fēnmìwù   Jīnyè tóng qì hé xuè
器官中的内在体液及其正常的分泌物。津液同气和血

yíyàng   shì jītǐ lài yǐ shēngcún de jīběn wùzhì
一样,是机体赖以生存的基本物质。

Jīn hé yè zài qí xìngzhuàng fēnbù hé gōngnéng fāngmiàn yǒu suǒ bùtóng Yìbān de
津和液在其性状、分布和功能方面有所不同。一般地

shuō jīn de xìngzhì jiào qīngxī liúdòngxìng jiào dà suízhe qìxuè de yùxíng ér
说,津的性质较清稀,流动性较大,随着气血的运行而

liúbù dào quánshēn bìng néng wàidá tǐbiǎo pífū   jīròu hé kǒngqiào nèishèn yú
流布到全身,并能外达体表皮肤、肌肉和孔窍,内渗于

zàngfǔ zǔzhī   qìguān qǐzhe zīrùn de zuòyòng Yè de xìngzhì jiào chóuhòu
脏腑,组织、器官,起着滋润的作用。液的性质较稠厚,

liúdòngxìng jiào xiǎo guànzhù yú gǔjié zàngfǔ nǎo suǐ děng zǔzhī qǐzhe rúyǎng
流动性较小,灌注于骨节、脏腑、脑、髓等组织,起着濡养

zuòyòng Zhè jí shì jīn hé yè de zhǔyào qūbié
作用。这即是津和液的主要区别。(题库 p.38 No.256)

一切   yíqiè 모든

正常   zhèngcháng 정상적이다

水液   shuǐyè 수액

总称   zǒngchēng 총칭

包括   bāokuò 포함하다

脏腑   zàngfǔ 오장과 육부를 줄인 말로, 내장을 가리킴.

组织   zǔzhī 조직

器官   qìguān 기관

内在   nèizài 내재

体液   tǐyè 체액

及　jí　및

分泌物　fēnmìwù　분비물

同　tóng　~와

一样　yíyàng　같다

机体　jītǐ　신체

赖以　làiyǐ　~에 의지하다, 믿다

生存　shēngcún　생존하다

基本　jīběn　기본

物质　wùzhì　물질

性状　xìngzhuàng　성질과 형상

分布　fēnbù　분포

功能　gōngnéng　기능

方面　fāngmiàn　방면

有所　yǒusuǒ　다소

不同　bùtóng　다르다

一般地说　yìbān de shuō　일반적으로 말해서

性质　xìngzhì　성질

较　jiào　비교적

清稀　qīngxī　묽다

流动性　liúdòngxìng　유동성

随着　suízhe　~에 따라서

运行　yùnxíng　운행하다

流布　liúbù　퍼지다

到　dào　~까지

全身　quánshēn　전신

外　wài　밖으로는

达　dá　~에 도달하다

体表　tǐbiǎo　신체 표면

皮肤　pífū　피부

肌肉　jīròu　근육

孔窍 kǒngqiào 구멍

内 nèi 안

渗 shèn 침투하다 * 渗于 shènyú ~에 침투하다

起 qǐ 일으키다 * 起~作用 qǐ~zuòyòng 역할을 하다

着 zhe ~하고 있다, 진행과 지속을 나타냄

滋润 zīrùn 촉촉하게 하다

作用 zuòyòng 역할

稠厚 chóuhòu (농도가) 짙다

灌注 guànzhù 주입되다

骨节 gǔjié 뼈와 관절

脑 nǎo 뇌

髓 suǐ 골수

濡养 rúyǎng 영양을 주다

区别 qūbié 차이점

문형

1) 同……一样: ~와 같다

(1) 津液**同**气和血**一样**.

진액은 기혈과 마찬가지이다.

(2)《黄帝内经》**同**《诸病源候论》**一样**, 都是十分重要的医学著作。

<황제내경>은 <제병원후론>과 마찬가지로 모두 매우 중요한 의학서이다.

2) 起着……作用: ~한 역할/작용을 하다

(1) **起着**滋润的**作用** 자윤작용을 하다

(2) **起着**濡养**作用** 유양작용을 한다
qǐzhe rúyǎng zuòyòng

(3) **起着**清热解毒的**作用** 청열해독 작용을 한다
qǐzhe qīngrè jiědú de zuòyòng

문장 구조

津和液	(<u>在</u>其性状、分布和功能<u>方面</u>)	(有所)	<u>不同</u>
주어	부사어	부사어	서술어

在~方面은 '~ 측면에서', 有所는 '다소' '약간'을 뜻하며 모두 '不同'을 꾸며주는 '부사어'이다.

복습

1. 什么是"津液"?

2. "津"的性质如何? 有什么作用?

3. "液"的性质如何? 有什么作用?

水肿　shuǐzhǒng 부종

痰饮　tányǐn 담음

唾　tuò 침, 신(腎)과 관련된 끈적한 침

涕　tì 콧물

涎　xián 침, 비(脾)와 관련된 멀건 침

汗　hàn 땀

泪　lèi 눈물

清稀　qīngxī (농도가) 묽다

稠厚　chóuhòu (농도가) 짙다

의고문医古文

水谷入于口, 输于肠胃, 其液别为五：天寒衣薄, 则为溺与气；天热衣厚, 则为汗；悲哀气并, 则为泣；中热胃缓, 则为唾；邪气内逆, 则气为之闭塞而不行, 不行则为水胀。

《黄帝内经》五癃津液别篇

入于　rùyú ~으로 들어가다

输于　shūyú ~로 나르다(운송하다)

别为　biéwéi 나뉘어져 ~이 되다

溺　niào 소변(尿와 같은 글자임)

　수곡이 입으로 들어가서 장과 위로 전해지면 그 액이 나뉘어서 5가지가 된다: 날씨가 춥고 옷을 얇게 있으면 소변과 기가 된다: 날씨가 뜨겁고 옷을 두껍게 입으면 땀이 된다: 슬프고 기가 아우르게 되면 눈물이 된다: 중초가 열이 있고 위가 느슨해지면 침이 된다; 사기가 안에서 거스르면 기가 폐색되어 움직이지 못하게 되고, 움직이지 못하면 수창이 된다.

《황제내경》오륭진액별편

자율 학습

津液—人体的雨露

　　津液, 是人体内一切正常水液的总称, 是构成和维持人体生命活动的基本物质之一。津和液的概念略有不同, 清稀部分为津, 稠厚部分为液, 不过往往津液并称。津液对人体的作用, 主要是滋润和营养。

단어 　🎧 08-05

津液	jīnyè	진액
雨露	yǔlù	비와 이슬
正常	zhèngcháng	정상이다
总称	zǒngchēng	총칭
概念	gàiniàn	개념
略	lüè	약간
清稀	qīngxī	(농도가) 묽다
稠厚	chóuhòu	(농도가) 짙다
并称	bìngchēng	함께 칭하다
滋润	zīrùn	자윤
营养	yíngyǎng	영양

진액은 인체의 모든 정상 수액의 총칭으로 인체의 생명 활동을 구성하고 유지하는 기본 물질 중 하나이다. 진과 액의 개념은 약간 다른데 농도가 묽은 것은 진이고 농도가 짙은 것은 액이지만, 진액을 함께 쓰는 경우가 많다. 인체에서 진액은 주로 자윤과 영양 역할을 한다.

第九课

经络

경락은 인체의 내부에 있는 장부와 피부, 기육, 근골을 연결하는 선(흐름)이다. 인체에는 좌우에 12쌍의 중요한 경맥이 있고, 그 외에 다른 부위를 연결하는 기경팔맥이 존재한다. 경락은 인체의 기혈을 운반하며 생리, 병리, 진단, 치료에 활용된다.

핵심 키워드: 经络，联络，循行
jīngluò *liánluò* *xúnxíng*

Jīngluò shì jīngmài hé luòmài de zǒngchēng Jīngluò shì yùnxíng quánshēn qìxuè liánluò
经络,是经脉和络脉的总称。经络是运行全身气血,联络

zàngfǔ zhījié gōutōng shàngxià nèiwài de tōnglù Qízhōng jīngmài shì zhǔgàn luòmài shì
脏腑肢节,沟通上下内外的通路。其中经脉是主干,络脉是

fēnzhī Jīngmài dàduō xúnxíng yú tǐnèi jiào shēn de bùwèi yǒu yídìng de xúnxíng jìnglù
分支。经脉大多循行于体内较深的部位,有一定的循行径路,

luòmài de xúnxíng bùwèi jiào qiǎn zònghéng jiāocuò wǎngluò quánshēn bǎ réntǐ de
络脉的循行部位较浅,纵横交错,网络全身,把人体的

zàngfǔ qìguān kǒngqiào yǐjí píròu jīngǔ děng liánjié chéng yí ge yǒujī zhěngtǐ
脏腑、器官、孔窍以及皮肉筋骨等联结成一个有机整体。

(题库 p.40 No.268)

经络　jīngluò　경락

经脉　jīngmài　경맥

络脉　luòmài　낙맥

总称　zǒngchēng　총칭

运行　yùnxíng　운행하다

全身　quánshēn　전신

气血　qìxuè　기혈

联络　liánluò　연결하다

脏腑　zàngfǔ　장부

肢节　zhījié　상하지 관절

沟通　gōutōng　통하다

通路　tōnglù　통로

主干　zhǔgàn　줄기

分支　fēnzhī　가지

大多　dàduō　대부분

循行　xúnxíng　순행하다

深 shēn 깊다

一定的 yídìng de 일정한

径路 jìnglù 경로

浅 qiǎn 얕다

纵横交错 zònghéng jiāocuò 종횡으로 교차하다

网络 wǎngluò 망으로 연결하다

把 bǎ ~을/를

器官 qìguān 기관

孔窍 kǒngqiào 구멍이며 눈, 귀, 입, 코 등 기관이다.

空窍 kōngqiào 인체에서 외부로 나 있는 구멍이며 귀, 눈, 코, 입, 항문, 요도 등을 말한다.

以及 yǐjí 그리고

皮肤 pífū 피부

筋骨 jīngǔ 근육과 뼈

联结 liánjié 연결하다

成 chéng ~이다. * 联结成~ ~으로 연결되다

有机 yǒujī 유기

整体 zhěngtǐ 전체

문형

1) 其中……是……, ……是…… : 그중에서 ……은 ……이고, ……은 ……이다.
   qízhōng   shì   shì

(1) **其中**经脉**是**主干, 络脉**是**分支。
   Qízhōng jīngmài shì zhǔgàn   luòmài shì fēnzhī

그중 경맥은 줄기이고 락맥은 가지이다.

(2) 针灸在中国有着非常悠久的历史。
   Zhēnjiǔ zài Zhōngguó yǒuzhe fēicháng yōujiǔ de lìshǐ

침구는 중국에서 매우 유구한 역사를 가지고 있다.

Qízhōng zhēn shì zhǐ zhēncì   jiǔ shì zhǐ jiǔliáo
其中针是指针刺，灸**是**指灸疗。

그중에서 침은 침을 찌르는 것이고, 구는 뜸 치료이다.

bǎ
2) ……把…… ： ~을/를

Bǎ réntǐ de zàngfǔ   qìguān kǒngqiào yǐjí píròu jīngǔ děng liánjié chéng yí ge yǒujī zhěngtǐ
(1) **把**人体的脏腑、器官、孔窍以及皮肉筋骨等联结成一个有机整体。

인체의 내장, 기관, 구멍 그리고 피부와 살, 근육과 뼈 등을 하나의 유기체로 연결한다.

Bǎ wǔzàng zhōng de shèn hé pí fēnbié chēngwéi xiāntiān zhīběn hé hòutiān zhīběn
(2) **把**五脏中的肾和脾分别称为"先天之本"和"后天之本"。

오장 중에서 신장과 비장은 각각 선천의 뿌리와 후천의 뿌리라고 부른다.

Pí fùzé   yǐnshí de xiāohuà xīshōu   bìng bǎ jīngwēi wùzhì shūsòng dào quánshēn
(3) 脾负责饮食的消化吸收，并**把**精微物质输送到全身。

비장은 음식의 소화 및 흡수, 또 정미물질을 전신으로 운반하는 것을 책임진다.

> **문장 구조**

经脉	（大多）	循行于	（体内较深)的	部位
주어	(부사어)	서술어	(관형어) 的	목적어

서술어 역할을 하는 동사 혹은 형용사 앞에서 이들을 수식하는 성분을 '부사어'라고 하고, 주어와 목적어 역할을 주로 하는 명사를 수식하는 성분을 '관형어'라고 한다.

经络	是	（运行全身气血, 联络脏腑肢节, 沟通上下内外)的		通路
주어	서술어	(관형어)	的	목적어

'运行全身气血, 联络脏腑肢节, 沟通上下内外的'는 '通路'를 수식하는 관형어이다. '전신 기혈을 운행하고, 내장과 상하지 관절을 연결하고, 상하와 내외를 통하는 통로이다'

1. "经络"是什么和什么的总称？

2. "经脉"是什么？有什么特点？

3. "络脉"是什么？有什么特点？

어휘 확장　🎧 09-03

浮络　fúluò　부락
孙络　sūnluò　손락
经筋　jīngjīn　경근
皮肤　pífū　피부
经穴　jīngxué　경혈
经气　jīngqì　경기
气血　qìxuè　기혈

의고문医古文

"经脉者，所以能决生死，处百病，调虚实，不可不通。"

《黄帝内经》经脉篇

经脉 jīngmài 경맥

者 zhě (이라는) 것

所以 suǒyǐ 까닭, 이유

能 néng 할 수 있다

决 jué 정하다

生死 shēngsǐ 생과 사

处 chǔ 처리하다

百病 bǎibìng 백가지 병, 모든 병

调 tiáo 조정하다

虚实 xūshí 허와 실

不可 bùkě 할 수 없다

不通 bù tōng 통하지 않다

해석

경맥은 생과 사를 결정하는 바이며, 백병을 처리하고 허실을 조정하니 통하지 않으면 안 되는 것이다.

《황제내경》 경맥편

자율 학습

经络也是外邪由表入里和脏腑之间病变相互影响的途径, 通过经络的传导, 内脏的病变也可反应于外表, 表现在某些特定的部位, 例如胃火可见牙龈肿痛 等。由此, 在针灸治疗中常常有"头痛医脚"、"上病治下"、"左病治右"的现象。

也　yě 또

外邪　wàixié 질병을 일으키는 원인

由表入里　yóu biǎo rù lǐ 밖에서 안으로 들어오다

和　hé ~와/과

脏腑　zàngfǔ 오장육부

之间　zhījiān 사이

病变　bìngbiàn 병리 변화

相互　xiānghù 서로, 상호 간에

影响　yǐngxiǎng 영향을 미치다

途径　tújìng 경로

通过　tōngguò ~을 통해서

传导　chuándǎo 전도하다, 전달하다

可　kě 할 수 있다

反应于　fǎnyìng yú ~에 반응하다

外表　wàibiǎo 외부

表现在　biǎoxiàn zài ~에 표현되다, 드러나다

某些　mǒuxiē 일부 ~들

特定　tèdìng 특정

部位　bùwèi 부위

例如　lìrú 예컨대

胃火　wèihuǒ 위에서 나는 열, 위의 화기

可见　kějiàn 알 수 있다

牙龈　yáyín 잇몸

肿痛　zhǒngtòng 붓고 아프다

等　děng 등

由此　yóucǐ 부터

在~中　zài~zhōng ~에서

针灸　zhēnjiǔ 침구(침과 뜸)

治疗   zhìliáo 치료

常常   chángcháng 늘, 항상

有   yǒu 있다

头痛医脚   tóu tòng yī jiǎo 머리가 아프면 발을 치료한다

上病治下   shàng bìng zhì xià 위가 아프면 아래를 치료한다

左病治右   zuǒ bìng zhì yòu 왼쪽이 아프면 오른쪽을 치료한다

现象   xiànxiàng 현상

▶해석

　경락은 또한 질병을 일으키는 원인이 밖에서 안으로 들어오고 오장육부의 병리 변화가 서로 영향을 미치는 경로이며, 경락을 통해 내장의 병변이 외부와 반응하여 특정 부위들로 표현된다. 예를 들어, 위장의 화기는 잇몸이 붓고 아픈 것을 통해 알 수 있다. 이때문에 침구 치료에서는 늘 머리가 아프면 발을 치료하고 위가 아프면 아래를 치료하고 왼쪽이 아프면 오른쪽을 치료하는 현상이 있다.

第十课

病因

병인은 병의 원인을 말하는 것으로, 한의학에서는 내부적인 원인, 외부적인 원인, 내부도 외부도 아닌 원인의 3가지로 분류하는 방식을 활용하고 있다. 병의 원인을 고려하여 치료를 진행하게 된다.

핵심 키워드: 三因(sān yīn), 六淫(liù yín), 情志(qíngzhì)

Sān yīn jí yī bìngzhèng fānglùn zhè běn shū zuòzhě Chén Wúzé qí yǐnshēn hé
《三因极一病证方论》这本书, 作者陈无择, 其引申和

fāzhǎn le Jīnguì yàolüè qiānbān chènnán bú yuè sān tiáo zhī shuō tíchū le xīn
发展了《金匮要略》"千般疢难, 不越三条"之说, 提出了新

de sān yīn xuéshuō jí liù yín xiéqì qīnxí wéi wài suǒ yīn qíngzhì suǒ shāng wéi nèi
的"三因学说", 即六淫邪气侵袭为外所因, 情志所伤为内

suǒ yīn yǐnshí láojuàn diēpú jīnrèn yǐjí chóngshòu suǒ shāng děng wéi bú nèi wài yīn zhè zhǒng
所因, 饮食劳倦、跌仆金刃以及虫兽所伤等为不内外因, 这种

bǎ zhìbìng yīnsù hé fābìng tújìng jiéhé qǐlai de fēnlèi fāngfǎ duì línchuáng biànzhèng
把致病因素和发病途径结合起来的分类方法, 对临床辨证,

què yǒu yídìng de zhǐdǎo yìyì Sòng yǐhòu zhízhì xiànzài jūn cǎiyòng Chén shì sān
确有一定的指导意义。宋以后直至现在, 均采用陈氏"三

yīn xuéshuō de bìngyīn fēnlèi fāngfǎ
因学说"的病因分类方法。(题库 p.50 No.325)

这 zhè 이

本 běn 권 ＊ 这本书 이 책, 一本书 책 한 권

书 shū 책

作者 zuòzhě 지은이, 저자, 작자

陈无择 Chén Wúzé 천우저(진무택)

引申 yǐnshēn 확장하다

发展 fāzhǎn 발전하다

千般 qiānbān 천 가지

疢难 chènnán 질병

越 yuè 넘다, 초과하다

三 sān 세

条 tiáo 가지

提出 tíchū 제기하다, 제안하다

学说 xuéshuō 학설

六淫　liù yín 육음. 질병의 원인이 되는 여섯 가지 외부 요인. 풍(風), 한(寒), 서(暑), 습(濕),
　　　　조(燥), 화(火)

邪气　xiéqì 사기, 인체에 병을 일으키는 온갖 요인

侵袭　qīnxí 침입, 습격

为　wéi (~이) 되다 ＊ 为外所因 외부에 의해서 비롯되다, 외부에서 비롯되다

外　wài 외부

所　suǒ (~하는) 바 ＊ 为~所~ ~에 의해서 ~되다, ~에게 ~당하다

因　yīn 원인

情志　qíngzhì 감정

伤　shāng 상하다, 다치다 ＊ 所伤 아프게 한 것, 상하게 한 것

内　nèi 내부

饮食　yǐnshí 음식

劳倦　láojuàn 피로

跌仆　diēpú 넘어지다

金刃　jīnrèn (칼 등 날카로운 것에) 베다

以及　yǐjí 그리고, 및

虫　chóng 벌레

兽　shòu 짐승

致病　zhìbìng 병에 걸리다

因素　yīnsù 요소

发病　fābìng 병을 유발하다

途径　tújìng 경로

结合　jiéhé 결합하다

起来　qǐlái 동사 뒤에서 동작이 완성되었음을 나타냄, 방향보어

分类　fēnlèi 분류

方法　fāngfǎ 방법

临床　línchuáng 임상

辨证　biànzhèng 논증

确　què 확실히

一定　yídìng 일정한

指导 zhǐdǎo 지도하다

意义 yìyì 의미, 의의

宋 Sòng 송나라

以后 yǐhòu 이후

直至 zhízhì 줄곧 ~까지

现在 xiànzài 현재

均 jūn 모두

采用 cǎiyòng 선택하다

陈氏 Chén shì 천씨

病因 bìngyīn 병인, 병의 원인

문형

1) 提出……学说 : ……(학)설을 제안하다, 제기하다
   (tíchū xuéshuō)

   (1) 陈无择**提出**了"三因**学说**"
   (Chén Wúzé tíchū le sān yīn xuéshuō)

   진무택은 '삼인학설'을 제기했다.

   (2) 《黄帝内经》**提出**了藏象、经络、养生等**学说**。
   (Huángdì nèijīng tíchū le zàngxiàng jīngluò yǎngshēng děng xuéshuō)

   <황제내경>에서는 장상, 경락, 양생 등 학설을 제기했다.

2) 对……有…… : ……에 ……있다/지닌다
   (duì yǒu)

   (1) **对**临床辨证, 确**有**一定的指导意义。
   (Duì línchuáng biànzhèng què yǒu yídìng de zhǐdǎo yìyì)

   임상변증에서 일정한 지침으로서의 의미가 분명히 있다.

   (2) 这种药**对**你的病**有**帮助。
   (Zhè zhǒng yào duì nǐ de bìng yǒu bāngzhù)

   이 약은 당신의 병에 도움이 된다.

86

Qiūlígāo duì qīngrè rùnfèi yǒu bāngzhù
(3) 秋梨膏**对**清热润肺**有**帮助。

추리고는 열을 내리고 폐를 건강하게 하는데 도움이 된다

문장 구조

其	引申和发展了	《金匮要略》“千般疢难, 不越三条”)之说	
주어	서술어	(관형어)	I之목적어

‘其’는 앞에 나오는 책을 가리키는 대명사이고, ‘引申和发展’은 引申과 发展 두 개의 동사 술어를 연결한 것으로 ‘확장하고 발전시켰다’이며, ‘了’는 완료를 나타낸다. 《金匮要略》 “千般疢难, 不越三条”之说’에서 ‘之说’은 ‘~의 학설/견해’로 ‘之说’의 ‘之’는 ‘的’와 마찬가지로 관형어를 만든다.

(这种)(把致病因素和发病途径结合起来)的分类方法		有	(一定)的指导意义。
(관형어) (관형어) 的 주어		서술어	(관형어)的 목적어

‘这种把致病因素和发病途径结合起来’처럼 여러 개의 관형어가 있는 경우, 수량을 나타내는 관형어가 제일 앞에 온다. 즉 ‘这种分类方法’은 ‘이런 분류법’이다.

把	致病因素和发病途径	结合	起来
전치사	목적어	동사술어	부가성분

전치사 ‘把’는 동사의 동작·작용이 미치는 대상, 즉 목적어와 결합해서 동사 앞에 전치되어 처치(處置)를 나타내는데, 이를 ‘把자문’ 혹은 ‘처치문’이라고 한다. ‘처치’는 ‘목적어에 어떤 동작이나 행위를 가해서 결과가 있는 것’을 뜻하므로 ‘처치문’이 성립하기 위해서는 ‘특정목적어’, ‘동사 술어 다음에 결과를 나타내는 부가성분’이 필요하다.

(这种把致病因素和发病途径结合起来)的分类方法,		(对临床辨证)(确)
(관형어) 的 주어,		(부사어) (부사어)

有	(一定)的指导意义
술어	(관형어)的 목적어

관형어는 주어와 목적어 앞에서 부사어는 서술어 앞에서 주어와 목적어, 서술어를 꾸며주는데, 수식 성분을 ( )로 처리하면 주어, 술어, 목적어가 더 잘 드러난다. '분류법은 지침으로서의 의미가 있다'

1. "三因"中的"外因"是指什么?

2. "三因"中的"内因"是指什么?

3. "三因"中的"不内外因"是指什么?

内因   nèiyīn ·내인
七情: 喜 怒 忧 思 悲 恐 惊 qī qíng: xǐ nù yōu sī bēi kǒng jīng   칠정: 기쁨, 노여움,
    우울, 근심, 슬픔, 두려움, 놀람
外因   wàiyīn 외인
六淫: 风 寒 暑 湿 燥 火 liù yín: fēng hán shǔ shī zào huǒ   육음: 바람, 한기, 더위, 습기,
    건조, 화기
不内外因   bú nèi wài yīn 불내외인

夫邪之生也，或生于阴，或生于阳。其生于阳者，得之风雨寒暑。其生于阴者，得之饮食居处，阴阳喜怒。

《黄帝内经》调经论

단어 🎧 10-04

夫　fū 무릇

邪　xié 사기

或　huò 혹은

生于　shēngyú ～에서 생기다

其　qí 그

得　dé 얻다

风　fēng 바람

雨　yǔ 비

寒　hán 추위, 한기

暑　shǔ 더위

饮食　yǐnshí 음식

居处　jūchù 거처

阴阳　yīnyáng 방사(房事)

喜怒　xǐnù 희노, 기쁨과 노여움

해석

　무릇 사기가 생겨나는 것은 혹은 음에서 생기거나 혹은 양에서 생긴다. 양에서 생기는 것은 바람, 비, 추위, 더위에서 얻게 되는 것이다. 음에서 생기는 것은 음식, 거처, 방사(房事), 희노에서 얻게 되는 것이다.

《황제내경》조경론

病因学说

　　所谓病因, 就是导致疾病的原因, 又称做致病因素 ; 病因学说就是研究病因的性质和致病特点的学说。中医学非常重视根据疾病的表现推求病因, 然后根据病因进行治疗。

단어 　🎧 10-05

所谓　suǒwèi　이른바

就　jiù　바로

导致　dǎozhì　초래하다

疾病　jíbìng　질병

原因　yuányīn　원인

又　yòu　또

称做　chēngzuò　~라고도 한다/칭한다/말한다

致病　zhìbìng　병에 걸리다

因素　yīnsù　요인

性质　xìngzhì　성질

特点　tèdiǎn　특징

重视　zhòngshì　중시하다, 중요하게 생각하다

根据　gēnjù　근거하다

表现　biǎoxiàn　표현, 겉으로 드러나는 모습

推求　tuīqiú　탐구하다, 깊이 파다

然后　ránhòu　이후에

进行　jìnxíng　진행하다

治疗　zhìliáo　치료

병인 학설

이른바 병인(病因)이란 질병을 일으키는 원인이고 병을 유발하는 요인(致病因素)이라고도 한다. 병인 학설은 병인의 성질과 병을 유발하는 특징을 연구한 학설이다. 중의학에서는 질병의 겉으로 드러나는 모습에 따라 병인을 탐구하고 그 이후에 병인에 따라 치료하는 것을 매우 중요하게 생각한다.

第十一课

痰与饮

담음은 인체에 있는 진액이 어떤 원인에 의해서 순환이 제대로 되지 않아 생기는 비생리적인 물질이다. 담음의 원인, 생기는 위치에 따라서 다른 명칭과 증상을 나타낸다. 어혈과 더불어서 2차성 병리물질로 분류하며 대체로 완고한 질병을 만든다.

핵심 키워드: 痰, 饮

Tán yǔ yǐn suī tóng wéi bìnglǐxìng chǎnwù rán xìfēn yǒu bié cóng xìngzhuàng kàn tán
痰与饮虽同为病理性产物, 然细分有别, 从性状看, 痰

bǐjiào shāohòu yǐn jiào wéi qīngxī gù Lǐ Zhōngzǐ zài Yīzōng bìdú zhōngshuō
比较稍厚, 饮较为清稀, 故李中梓在《医宗必读》中说:

chóuzhuózhě wéi tán qīngxīzhě wéi yǐn Cóng bìngbiàn bùwèi kàn tán néng yóuyì
"稠浊者为痰, 清稀者为饮"。从病变部位看, 痰能游溢

quánshēn yǐn zé júxiàn yí chù rú chángwèi xiéxià Cóng bìngqíng biànhuà yán tán duō
全身, 饮则局限一处, 如肠胃、胁下。从病情变化言, 痰多

biàn ér yǐn shǎo biàn
变而饮少变。(题库 p.57 No.372)

痰 tán 담, 진한 가래

与 yǔ ~와/과

饮 yǐn 음, 묽은 가래

虽 suī 비록 * 虽~然~ 비록 ~일지라도 그러나~

同 tóng 마찬가지로, 동일하게

为 wéi ~이다. ~이 되다

病理性 bìnglǐxìng 병리적

产物 chǎnwù 산물

然 rán 그러나

细分 xìfēn 세분하다

有别 yǒubié 차이가 있다, 다른 점이 있다

从 cóng ~에 근거하여/의거하여/따라 * 从~看 ~에 근거해서 보다

性状 xìngzhuàng 성질과 형상

看 kàn 보다

比较 bǐjiào 비교적

稠厚 chóuhòu 걸쭉하다, (농도가) 짙다

清稀　qīngxī　묽다, (농도가) 연하다

李中梓　Lǐ Zhōngzǐ　(1588~1655년) 이중재. 명나라 말기의 의사, 저서로 《내경지요(內經知要)》,
　　　　　　　《사재삼서(士材三書)》, 《의종필독(醫宗必讀)》 등이 있다

稠浊　chóuzhuó　진하고 탁하다

病变　bìngbiàn　병리 변화

部位　bùwèi　부위

游溢　yóuyì　돌아다니다

全身　quánshēn　전신

局限　júxiàn　국한되다, 제한되다

如　rú　예컨대

肠胃　chángwèi　장과 위

胁下　xiéxià　옆구리

病情　bìngqíng　병세

变化　biànhuà　변화

문형

1) 从……看……　……에 근거해서/의거해서/따라서 보다

(1) **从**性状**看**

　　성질과 형상에 근거해서 보면

(2) **从**病变部位**看**

　　병변 부위에 근거해서 보면

2) 虽……然……　비록 ……일지라도 그러나 ……

(1) **虽**同为病理性产物, **然**细分有别。

　　비록 동일하게 병리적 산물이지만, 세분하면 차이가 있다.

(2) <ruby>虽<rt>Suī</rt></ruby><ruby>症状相同<rt>zhèngzhuàng xiāngtóng</rt></ruby>，**<ruby>然<rt>rán</rt></ruby>**<ruby>病因不相同<rt>bìngyīn bù xiāngtóng</rt></ruby>。

비록 증상은 같지만, 병의 원인은 같지 않다.

(3) <ruby>虽<rt>Suī</rt></ruby><ruby>病因相同<rt>bìngyīn xiāngtóng</rt></ruby>，**<ruby>然<rt>rán</rt></ruby>**<ruby>症状不同<rt>zhèngzhuàng bù tóng</rt></ruby>。

비록 병의 원인은 같지만, 증상은 같지 않다.

痰	比较	稍厚,	饮	较	为	清稀
주어	부사어	형용사술어,	주어	부사어	동사술어	목적어

부사어는 형용사나 동사 앞에서 이들을 수식하는 성분이며, 比较, 较는 둘 다 '비교적'을 뜻한다.

복습

1. "痰"有哪些形状特征？

----

2. "饮"有哪些形状特征？

----

3. "痰"和"饮"的病变部位各是什么？

悬饮　xuányǐn 현음(懸飲). 진액이 체내에서 제대로 순환하지 못하고 옆구리에 뭉쳐 옆구리가
　　　　　　　부어오르는 병증.

溢饮　yìyǐn 일음(溢飲). 수음(水飲)이 피하 조직에 몰려 생긴 병증으로 몸이 붓고 무거우며 숨이
　　　　　　차고 기침을 하는 병증.

支饮　zhīyǐn 지음(支飲). 가슴이 답답하고 그득하며, 기침, 숨 찬 증상, 반드시 눕지 못하고 심하면
　　　　　　몸이 붓는 병증.

水湿　shuǐshī 수습

医古文

> 劳伤之人, 脾胃虚弱, 不能克消水浆, 故为痰饮也.
>
> 《诸病源候论》 虚劳痰饮候

단어   🎧 11-04

劳伤　láoshāng 과로로 병이 나다

脾胃　píwèi 비장과 위

虚弱　xūruò 허약하다

不能　bùnéng ~할 수 없다

克消　kèxiāo 소화시키다

水浆　shuǐjiāng 물과 음료

故　gù 따라서

为　wéi ~이 되다

痰饮　tányǐn 담과 음

과로로 병이 난 사람은 비위가 허약하여 물과 음료를 소화시키지 못하여 담음이 된다.
《제병원후론》 허로담음후

자율 학습

> 由于痰、饮、水、湿同源而异流，均为人体津液代谢失常而形成的一种病理产
> 物，又是一种致病因素，四者皆为阴邪。一般认为湿聚为水，积水成饮，饮凝成痰。
> 就形质而言，稠浊为痰，清稀为饮，许多情况下水、湿、痰、饮并不能截然分开，故常
> 常统称"水湿""水饮""痰湿""痰饮"等。

단어 🎧11-05

同源异流　tóngyuán yìliú　근원은 같지만 결과가 다르다
代谢　dàixiè　신진대사, 신구교대
失常　shīcháng　비정상적이다, 정상적인 상태가 아니다
病理　bìnglǐ　병리
阴邪　yīnxié　음사. 육음 중 한, 습 등 음의 속성을 가진 사기
聚　jù　모이다
形质　xíngzhì　형태
截然　jiérán　명확하게

해석

담, 음, 수, 습은 근원은 같지만 차이가 있고 모두 인체 진액 대사에 이상이 생겨서 만들어진
병리적 산물이며, 또한 발병 요인이기도 한데 네 가지 모두 음사이다. 일반적으로 습이 모여서
수가 되고, 수가 쌓여서 음이 되고, 음이 응고해서 담이 된다고 생각한다. 형태에 대해 얘기하
면 진하고 탁한 것은 담이고 맑고 묽은 것은 음이며, 많은 상황에서 수, 습, 담, 음은 분명하게
나눌 수 없기 때문에 늘 '수습', '수음', '담습', '담음' 등으로 통칭한다.

第十二课

瘀血

어혈은 인체내에 정체되는 비생리적인 혈액이며, 경맥을 따라 흐르는 혈이 기가 허하거나 기가 정체되거나 혈관밖으로 빠져나가서 생긴다. 담음과 더불어 2차성 병리물질이며 완고하고 잘 낫지 않는 질병을 만들기도 한다.

핵심 키워드: 瘀血(yūxuè), 气滞(qìzhì), 血运不畅(xuèyùn bú chàng)

Yūxuè shì zhǐ tǐnèi yǒu xuèyè tíngzhì bāokuò líjīng zhī xuè jīcún yú tǐnèi
瘀血是指体内有血液停滞，包括离经之血积存于体内，

huò xuèyùn bú chàng zǔzhì yú jīngmài jí zàngfǔ nèi de xuèyè Yūxuè jìshì jíbìng
或血运不畅，阻滞于经脉及脏腑内的血液。瘀血既是疾病

guòchéng zhōng xíngchéng de bìnglǐ chǎnwù yòu shì mǒu xiē jíbìng de zhìbìng yīnsù
过程中形成的病理产物，又是某些疾病的致病因素。

Yūxuè de xíngchéng zhǔyào yǒu liǎng ge fāngmiàn yì fāngmiàn shì yóuyú qìxū qìzhì
瘀血的形成主要有两个方面：一方面是由于气虚、气滞、

xuèhán xuèrè děng yīnsù Rú qìxū yùnxuè wúlì xuèyè yùnxíng chízhì ér
血寒、血热等因素。如气虚，运血无力，血液运行迟滞而

chéngyū qì zé xuè yì níngzhì hánxié kèyú jīngmài zé jīngmài jūjí xuèyùn
成瘀；气则血亦凝滞；寒邪客于经脉，则经脉拘急，血运

bú chàng ér fāshēng yū xuè xuè yǔ rè hùjié shǐ xuèyè niánzhì ér yùnxíng bú chàng
不畅而发生瘀血；血与热互结，使血液粘滞而运行不畅，

yě kě xíngchéng yūxuè Lìng yì fāngmiàn shì yóuyú gèzhǒng wàishāng huò nèichūxuè děng yīnsù
也可形成瘀血。另一方面是由于各种外伤或内出血等因素，

shǐ xuè lí jīngsuì bù néng jíshí xiāosàn ér chéng yūxuè
使血离经隧，不能及时消散而成瘀血。(题库 p.57 No.375)

瘀血 yūxuè 어혈

指 zhǐ 가리키다

体内 tǐnèi 체내

血液 xuèyè 혈액

停滞 tíngzhì 정체하다

包括 bāokuò 포함하다

离经 líjīng 궤도를 벗어나다

积存 jīcún 모이다

血运 xuèyùn 피의 흐름

畅 chàng 막힘이 없다, 순조롭다

阻滞 zǔzhì 가로막히다, 지체되다

经脉　jīngmài 경맥

脏腑　zàngfǔ 오장육부

疾病　jíbìng 질병

过程　guòchéng 과정

形成　xíngchéng 형성되다

病理　bìnglǐ 병리

产物　chǎnwù 산물

某些　mǒuxiē 어떤 ~들

致病　zhìbìng 병을 유발하다, 병에 걸리다

因素　yīnsù 요소

气虚　qìxū 기허, 기가 허하다

气滞　qìzhì 기체, 기가 막히다

血寒　xuèhán 혈한, 피가 차다

血热　xuèrè 혈열, 피가 뜨겁다

运血　yùnxuè 피를 움직이다

无力　wúlì 힘이 없다

运行　yùnxíng 운행하다

迟滞　chízhì 지체되다

凝滞　níngzhì 정체되다, 굳어지다

寒　hán 한기

邪　xié 사기

客于　kèyú 외지에 머물다

经脉　jīngmài 경맥

拘急　jūjí 구급, 힘줄이 오그라들고 당기면서 뻣뻣해지는 병증

血运　xuèyùn 피의 운행

发生　fāshēng 발생하다

粘滞　niánzhì 찐득하다

另　lìng 다른

方面　fāngmiàn 측면　* 一方面, 另一方面 한편으로는~ 또 한편으로는~

外伤　wàishāng 외상

内出血　nèichūxuè　내출혈

及时　jíshí　제때에, 적시에

消散　xiāosàn　흩어져 사라지다

1) 既是……又是……　　……하면서 또한 ……하다

(1) 瘀血**既是**病理产物，**又是**致病因素。

어혈은 병리적 산물이면서 또한 발병 요인이기도 한다.

(2) 大枣**既是**美味的食品，**又是**一种常用的中药。

대추는 맛있는 먹거리면서 또한 자주 사용되는 중약이기도 하다.

(3) 五行**既是**指五种物质，**又是**指它们对应的五大属性。

오행은 다섯 가지 물질이기도 하고 그들과 대응되는 5가지 속성이기도 한다.

2) 一方面……另一方面……　한편으로는 …… 다른 한편으로는 ……

(1) **一方面**是由于气虚等因素，**另一方面**是由于外伤等因素。

한편으로는 기허 등의 요인 때문이고 다른 한편으로는 외상 등의 요인 때문이다.

(2) 患者**一方面**要配合医生治疗，**另一方面**要放松心情。

환자는 한편으로는 의사의 진료에 잘 협조하고 다른 한편으로는 마음을 편하게 가져야 한다.

(3) **一方面**要努力学习专业知识，**另一方面**要积极参加社会实践。

한편으로는 열심히 전공지식을 학습하고 다른 한편으로는 현장실습에 적극적으로 참가해야 한다.

血与热互结	使	血液	粘滞而运行不畅
주어	사역동사	목적어	서술어

使는 사역동사로 '(…에게) …하게 하다'를 뜻한다. '피와 열의 결합은 혈액을 끈적하게 해서 운행이 원활하지 않게 한다.'

~因素	使	血	离经隧, 不能及时消散而成瘀血。
주어	사역동사	목적어	서술어

(~한) 요인이 피가 경로를 이탈해서 제때 흩어지지 못하게 함으로써 어혈을 만든다.

복습

1. 瘀血是什么？

2. 瘀血的形成原因主要有哪两个方面？

어휘 확장 🎧 12-03

疼痛　téngtòng　통증
肿块　zhǒngkuài　종양
出血　chūxuè　출혈
紫暗　zǐ'àn　자흑(색)
涩脉　sèmài　삽맥

世谓血块为瘀。清血非瘀。黑色为瘀。鲜血非瘀。此论不确。盖血初离经。清血也。鲜血也。然既是离经之血。虽清血鲜血。亦是瘀血。离经既久。则其血变作紫血。

《血证论》

단어 🎧 12-04

世谓 shì wèi 세상에서 ~라고 말한다

血块 xuèkuài 덩어리

瘀 yū 어혈

清血 qīngxuè 맑은 피

非 fēi ~이 아니다

黑色 hēisè 흑색

鲜血 xiānxuè 선혈, 신선한 피

此论 cǐ lùn 이 논리는

不确 bú què 정확하지 않다

盖 gài 아마도

初 chū 처음에는

亦 yì ~도, ~또한

既久 jìjiǔ 이미 오래되었다

则 zé ~하면

紫血 zǐxuè 자색 피

해석

세상에서 핏덩어리를 어혈이라 하고 맑은 피는 어혈이 아니라고 하며, 흑색은 어혈이라 하고 신선한 피는 어혈이 아니라고 하는데 이 논설은 정확하지 않다. 대개 혈이 먼저 경맥을 떠나게 되면 맑은 피이고 신선한 피이다. 그러나 이미 경맥을 떠난 피는 비록 맑은 피, 신선한 피라고 하더라도 역시 어혈이다. 경맥을 떠난지 이미 오래되었으면 혈이 변해서 자색의 피가 된다.

《혈증론》

자율 학습

瘀血乃病理性产物，已失去对机体的正常濡养滋润作用。瘀血阻滞体内，日久不散，就会严重影响气血运行，导致脏腑失于濡养，功能失常，势必影响新血生成。因而有"瘀血不去，新血不生"的说法。《血证论·男女异同论》："瘀血不行，则新血断无生理……盖瘀血去则新血易生，新血生而瘀血自去。"故久瘀之人，常可表现出肌肤甲错、毛发不荣等失于濡养的临床特征。

단어 🎧 12-05

乃 nǎi ~이다

失去 shīqù 잃다, 상실하다

濡养 rúyǎng 영양을 공급하다

滋润 zīrùn 자윤. 촉촉하게 하다

阻滞 zǔzhì 막히다

散 sàn 흩어지다

严重 yánzhòng 심각하다

气血 qìxuè 기혈

导致 dǎozhì 초래하다

势必 shìbì 반드시

肌肤 jīfū 근육과 피부

甲错 jiǎcuò 피부가 건조해서 각화가 되어 마치 비듬처럼 생기는 현상

荣 róng 무성하다, 싱싱하다

第十二课 瘀血 **105**

어혈은 병리적 산물이며, 유기체의 정상적인 영양공급 역할을 이미 상실했다. 어혈은 체내에서 머물며 오랫동안 뭉쳐있으므로 기혈의 흐름에 심각한 영향을 초래하고, 장부의 영양부족과 기능 이상을 초래하여 새 피의 생성에 분명히 영향을 미칠 것이다. 따라서 '어혈이 사라지지 않으면 새 피는 생성되지 않는다'는 견해가 나온 것이다.《혈증론·남녀이동론》: "어혈이 사라지지 않으면 새 피가 생길 수 없다. ……어혈이 사라지면 새 피가 쉽게 생기고, 새 피가 생기면 어혈이 저절로 사라진다." 어혈이 오래된 사람은 피부에 주름지고 모발이 무성하지 않는 등 영양 부족의 임상 특징을 지닌다.

病机

병기는 질병의 기전을 말하는 것으로 질병의 발생, 발전, 변화를 말한다. 질병을 분석할 때는 병의 원인, 병의 위치, 병의 성질, 병의 형세 4가지 요소에 따라서 결정한다.

핵심 키워드: 病机, 疾病, 规律

Bìngjī   jí shì zhǐ jíbìng fāshēng   fāzhǎn hé biànhuà de   jīlǐ   Zhōngyī
病机，即是指疾病发生、发展和变化的机理。中医
bìngjīxué de zhǔyào nèiróng bāokuò xiézhèng shèngshuāi yīnyáng shītiáo   qìxuè shīcháng
病机学的主要内容包括邪正盛衰、阴阳失调、气血失常、
jīnyè   dàixiè shīcháng nèishēng wǔ xié   jīngluò hé zàngfǔ gōngnéng wěnluàn děng bìngjī
津液代谢失常、内生"五邪"、经络和脏腑功能紊乱等病机
biànhuà de yìbān   guīlǜ
变化的一般规律。(题库 p.58 No.382)

病机 bìngjī 병리 변화 법칙

指 zhǐ 가리키다

疾病 jíbìng 질병

发生 fāshēng 발생

发展 fāzhǎn 발전

变化 biànhuà 변화

机理 jīlǐ 법칙, 원리, 기체, 매커니즘

病机学 bìngjīxué 병리 변화 법칙을 연구하는 학문

主要 zhǔyào 주요

内容 nèiróng 내용

包括 bāokuò 포함한다

邪正 xiézhèng 사기와 정기

盛衰 shèngshuāi 성쇠 * 사정성쇠

阴阳 yīnyáng 음양

失调 shītiáo 균형을 잃다

气血 qìxuè 기혈

失常 shīcháng 이상이 생기다

津液代谢 jīnyè dàixiè 진액 대사

经络　jīngluò　경락

脏腑　zàngfǔ　오장육부

功能　gōngnéng　기능

紊乱　wěnluàn　문란하다

变化　biànhuà　변화

一般　yìbān　일반

规律　guīlǜ　규칙

1) ……包括……　……은 ……을 포함하다

(1) 病机学的主要内容**包括**经络和脏腑等病机变化的一般规律。

　　병기학의 주요 내용은 경락, 오장육부 등 병기 변화의 일반적 규칙을 포함한다.

(2) 经络**包括**经脉和络脉两部分。

　　경락은 경맥과 낙맥 두 부분을 포함한다.

(3) 针刺手法**包括**进针、行针、出针过程中所运用的各种方法。

　　침술 기법은 침을 놓는 것, 침을 놓은 후 득기가 되도록 수기법을 시행하는 것, 침을 뽑는 과정에서 운용하는 여러 방법을 포함한다.

　문장에서 주어, 술어, 목적어는 주요 성분이고 관형어, 부사어, 보어는 부가 성분이다. 긴 문장의 구조를 파악할 때 아래와 같이 관형어, 부사어, 보어 등 부가 성분을 괄호로 묶어주면 주어, 술어, 목적어 등 주요 성분이 잘 드러난다.

(中医病机学的)**主要内容包括**(邪正盛衰、阴阳失调、气血失常、津液代谢失常、内生"五邪"、经络和脏腑功能紊乱等病机变化的)**一般规律**。

위 문장의 주요 성분은 "主要内容包括一般规律"이며, 목적어인 "一般规律"을 수식하는 관형어가 길어서 괄호( )로 처리하면 보다 쉽게 문장 구조를 파악할 수 있다.

복습

1. 什么是"病机"?

   ....

   ....

2. "中医病机学"主要包括哪些内容?

   ....

   ....

어휘 확장　🎧 13-03

正气　zhèngqì　정기

邪气　xiéqì　사기

抵抗　dǐkàng　저항하다

侵入　qīnrù　침입하다

旺盛　wàngshèng　왕성하다

微弱　wēiruò　미약하다

亏虚　kuīxū　부족하다

亢盛　kàngshèng　지나치다

诸风掉眩, 皆属于肝 ; 诸寒收引, 皆属于肾 ; 诸气膹郁, 皆属于肺 ; 诸湿肿满, 皆属于脾 ; 诸热瞀瘈, 皆属于火(心) …… 暴注下迫, 皆属于热。

《黄帝内经》至真要大论

단어 🎧 13-04

诸 zhū 여러, 모든

掉 diào 근육이 실룩거리다

眩 xuàn 어지럽다

皆 jiē 모두

属于 shǔyú ~에 속하다

肝 gān 간

收引 shōuyǐn 수축되고 당기다

膹郁 fènyù 숨이 차고 답답하다

肿满 zhǒngmǎn 붓다

瞀 mào 눈이 어지럽다

瘈 chì 경련이 나다

暴注 bàozhù 갑자기 설사하다

下迫 xiàpò 아랫배가 당기고 뒤가 무거운 것

해석

풍병으로 몸이 흔들리고 머리가 어지러운 것은 모두 간에 속한다. 한병으로 근맥이 당기고 수축되는 것은 모두 신에 속한다. 기병으로 숨이 차고 가슴이 답답한 것은 모두 폐에 속한다. 습병으로 인한 부종과 창만 등은 모두 비에 속한다. 열병으로 눈이 어지럽고 수족에 경련이 이는 것은 모두 화(심)에 속한다. …… 신물을 토하고 갑자기 설사를 하는 것은 모두 열에 속한다.

《황제내경》지진요대론

病机学说是研究疾病发生、发展、变化和预后为主的理论。中医病机理论从整体观、辨证观和恒动观认识和研究疾病，从机体功能状态改变是内外环境综合作用的病理反应这一结果出发，考虑个体、动态、多样性特点，深入研究局部和整体病变、脏腑及其所属经络、形体、官窍之间、内外环境失调的相互影响，从而形成了独特的理论体系，为历代医家所重视。因此，分析病机是了解疾病、追溯病因、探究病机、证候辨析、预防治疗的内在根据和理论指导。

단어 🎧 13-05

发展 fāzhǎn 발전(하다)

预后 yùhòu 예후

整体观 zhěngtǐ guān 전체에서 문제를 보는 관점

辨证观 biànzhèng guān 변증의 관점

恒动观 héngdòng guān 쉬지 않고 운동, 변화, 발전한다는 관점

综合 zōnghé 종합적

考虑 kǎolù 고려하다

多样性 duōyàngxìng 다양성

深入 shēnrù 깊이 있다, 깊게

所属 suǒshǔ 소속

官窍 guānqiào 관규(官竅). 오관(눈, 혀, 입과 입술, 코, 귀)이 외계와 소통하도록 열려 있는 구멍

追溯 zhuīsù 추적하다

探究 tànjiū 탐구하다

辨析 biànxī 변별하다

内在 nèizài 내재

根据 gēnjù 근거

병기학설은 질병의 발생, 발달, 변화 및 예후를 주로 연구하는 이론이다. 중의학의 병기이론은 전체관, 변증관, 항동관에서 질병을 인식하고 연구한다. 신체의 기능상태 변화는 내외부 환경의 종합적으로 영향을 미치는 병리반응이라는 결과에서 출발하여 개체, 동태, 다양성의 특성을 고려하고 국소 및 전체 병변, 장부와 그 소속 경락, 형체, 오관 구멍의 사이, 내외부 환경의 불균형의 상호 영향을 깊이 연구함으로써 독특한 이론체계를 형성하여 대대로 의사들에게 중요하게 여겨졌다. 따라서 병기분석은 질병 이해, 원인 추적, 병기 탐색, 증후 식별 및 분석, 예방 및 치료에 대한 내재적 근거이자 이론적 지침이다.

整体观念

한의학의 특징적인 사고방식 중 하나로, 인체내 각 조직, 기관을 하나의 유기적 전체로 간주하는 동시에 자연환경, 사회환경 등의 변화가 인체의 생리와 병리에 일정한 영향을 미치는 것으로 보아, 인체 내부의 협조와 완정성(完整性)을 강조하며, 또한 인체와 외계환경과의 통일성을 중시한다. 질병의 진단과 치료에서 해부 조직학적 변화를 중시하는 서양의학과 차이가 있다[1].

핵심 키워드: 整体观念, 自然, 统一
zhěngtǐ guānniàn zirán tǒngyī

---

1) 대한한의학회 표준한의학용어집 2.1 「정체관념」

整体观念是中医学的基本特点之一,贯穿在中医学的生理,病理,诊断和治疗等各个方面。概括起来不外乎人是一个有机整体和人与自然相统一这两个方面。人是一个有机整体主要体现在:人体各个组成部份之间在组织结构上是相互联结着的一个整体;各个生理活动之间是相互为用,相互协调平衡的一个整体;局部的病理变化也与整体相关等。人与自然相统一主要体现在:人生活在自然界,一方面是自然存在着人类生存的必要环境;另一方面人类本身具备着自我调节能力,以适应自然环境的变迁,所以说人与自然是息息相通的一个整体。如果自然环境的变化超越了人类本身自我调节的能力,那么,生理性的适应调节就转变为病理性反应,从而导致各种疾病的发生,甚或终止生命活动。(题库 p.2 No.10)

整体 zhěngtǐ 전체

观念 guānniàn 관념

基本 jīběn 기본

116

特点　tèdiǎn　특징

贯穿　guànchuān　관통하다

生理　shēnglǐ　생리

病理　bìnglǐ　병리

诊断　zhěnduàn　진단

治疗　zhìliáo　치료

概括　gàikuò　요약하다, 개괄하다

起来　qǐlái　~하면

不外乎　búwàihū　벗어나지 않는다

有机　yǒujī　유기

相　xiāng　서로

统一　tǒngyī　통일되다

主要　zhǔyào　주로

体现　tǐxiàn　표현되다, 구현되다

部份　bùfèn　부분

组织　zǔzhī　조직

结构　jiégòu　구조

相互　xiānghù　상호, 서로

联结　liánjié　연결하다

活动　huódòng　활동

协调　xiétiáo　협조

平衡　pínghéng　균형, 평형

局部　júbù　국소, 국부

变化　biànhuà　변화

相关　xiāngguān　상관

自然界　zìránjiè　자연계

人类　rénlèi　인류

生存　shēngcún　생존

必要　bìyào　필요하다

环境　huánjìng　환경

本身　běnshēn 자체, 본연

具备　jùbèi 구비하다

自我　zìwǒ 자기

调节　tiáojié 조절

能力　nénglì 능력

适应　shìyìng 적응하다

变迁　biànqiān 변천하다

所以　suǒyǐ 따라서, 그래서

息息相通　xīxī xiāngtōng 밀접하게 관련이 있다

如果　rúguǒ 만약

超越　chāoyuè 초월하다, 벗어나다

那么　nàme 그렇다면　* 如果~那么~ 만약 ~한다면 ~하다

转变　zhuǎnbiàn 변화하다

反应　fǎnyìng 반응

从而　cóng'ér 따라서

导致　dǎozhì 초래하다, 야기하다

疾病　jíbìng 질병

发生　fāshēng 발생

甚　shèn 심지어

或　huò 혹은

终止　zhōngzhǐ 중지시키다, 중지하다

生命　shēngmìng 생명

문형

1) ⋯⋯是⋯⋯之一 : ⋯⋯은 ⋯⋯의 하나이다
     ^{shì} ^{zhī yī}

(1) 整体观念是中医学的基本特点之一。
     _{Zhěngtǐ guānniàn shì Zhōngyīxué de jīběn tèdiǎn zhī yī}

전체관은 중의학의 기본 특징의 하나이다.

(2) 藏象学说**是**中医学的重要学说<u>之一</u>。
Zàngxiàng xuéshuō shì Zhōngyīxué de zhòngyào xuéshuō zhī yī

장상학설은 중의학의 중요한 학설 중 하나이다.

(3) 气**是**常见的自然现象<u>之一</u>。
Qì shì chángjiàn de zìrán xiànxiàng zhī yī

기는 자주 보는 자연 현상의 하나이다.

2) ……体现在……   ……은 ……로 나타난다/표현된다/드러난다

(1) 人与自然相统一主要**体现在**两个方面。
Rén yǔ zìrán xiāng tǒngyī zhǔyào tǐxiàn zài liǎng ge fāngmiàn

인간과 자연의 통일성은 주로 두 가지 측면으로 나타난다.

(2) 人体内在的情况, 往往**体现在**外在的生命活动和病理表现。
Réntǐ nèizài de qíngkuàng wǎngwǎng tǐxiàn zài wàizài de shēngmìng huódòng hé bìnglǐ biǎoxiàn

인체 내재적 상황은 종종 외재적 생명활동과 병리적 표현으로 드러난다.

(3) 爱情, **体现在**细节之中。
Àiqíng tǐxiàn zài xìjié zhīzhōng

사랑은 디테일에 나타난다.

문장 구조

<u>整体观念</u>	<u>贯穿</u>	(在中医学的生理, 病理, 诊断和治疗等各个方面)。
주어	동사술어	보어

보어는 동사나 형용사 술어 뒤에서 술어를 보충하는 성분인데, 위 예문의 보어는 전치사 (在)+목적어(中医学的生理, 病理, 诊断和治疗等各个方面)로 구성된 '전치사보어'이다. '전체관이 중의학의 생리, 병리, 진단 및 치료 등 여러 측면을 관통한다'로 번역한다.

1. 人是一个有机整体，这主要体现在哪两个方面？

2. 人与自然相统一，主要体现在哪两个方面？

天暑衣厚则腠理开，故汗出，寒留于分肉之间，聚沫则为痛。天寒则腠理闭，气湿不行，水下留于膀胱，则为溺与气 。

《黄帝内经》五癃津液别

단어 🎧 14-03

天　tiān　날씨

暑　shǔ　덥다

衣　yī　옷

厚　hòu　두껍다

腠理　còulǐ　주리, 피부

开　kāi　열리다

故　gù　따라서

汗　hàn　땀

留于　liúyú　~에 머무르다

分肉　fēnròu　분육, 근육

之间　zhījiān　~의 사이

聚　jù　모이다

沫　mò　진액, 타액

痛　tòng　통증

闭　bì　닫히다

湿　shī　습하다

不行　bù xíng　움직이지 않다

膀胱　pángguāng　방광

溺　niào　오줌(尿와 같은 글자임)

해석

  날씨가 더운데 옷을 두껍게 입으면 주리(피부)가 열리기 때문에 땀이 난다. 한기가 분육 사이에 머물러 진액이 엉겨서 거품처럼 되면 통증이 된다. 날씨가 차면 주리가 닫히고 기가 뻑뻑하여 흐르지 않는다. 물이 아래로 방광으로 흘러들면 오줌과 기가 된다.

《황제내경》오륭진액별

자율 학습

  中医学不仅认为人体本身是一个有机整体, 而且认为人与自然、社会也是一个统一体, 故在《黄帝内经》时代即提出了"形-神-环境"医学模式。它以人为中心, 以自然和社会环境为背景, 用同源性和联系性思维对生命、健康、疾病等重大医学问题做出说明, 阐述了人与自然、人与社会、精神与形体以及形体内部的整体性联系, 认为人体自身的结构和功能的统一, "形与神俱"以及人与自然、社会环境相适应则健康, 反之则发生疾病。

出처: 中医基础理论(第4版) p.12

不仅~ 而且~ bùjǐn ~ érqiě~ ~뿐 아니라 게다가 ~

统一体 tǒngyītǐ 통일체

模式 móshì 모델

中心 zhōngxīn 중심

社会 shèhuì 사회

环境 huánjìng 환경

背景 bèijǐng 배경

同源性 tóngyuánxìng 동원성. 같은 근원에서 나온 성질의.

联系性 liánxìxìng 연계성

思维 sīwéi 사유

生命 shēngmìng 생명

健康 jiànkāng 건강

疾病 jíbìng 질병

阐述 chǎnshù 찬술하다, 명백히 논술하다

해석

　중의학은 인체 자체를 유기적 전체로 볼 뿐만 아니라 인간과 자연, 사회도 하나의 통일체라고 생각하여 '황제내경' 시대에 '형-신-환경'의 의학 모델을 제시하였다. 사람을 중심으로 자연과 사회환경은 배경이 되어 생명, 건강, 질병 등 중대한 의학적 문제를 동원성과 연계적 사고를 통해 설명하고, 인간과 자연, 인간과 사회, 정신과 형체 및 형체 내부의 전반적인 연관성을 설명하며, 인체 자체의 구조와 기능의 통일되고, '형과 신이 갖추어진 상태' 및 인간과 자연, 사회 환경이 서로 적응하면 건강하고, 그 반대의 경우 병에 걸린다.

第十五课

四时气候变化
与人体生理活动

　　인간은 천지간에 존재하면서 하늘과 땅의 기운과 교류하면서 살아간다. 또한
자연의 정해진 사계절의 변화규칙에 맞춰서 생리활동이 움직이고 있고, 거기에
순응해서 살아갈 때 건강을 유지할 수 있다는 것이다.

핵심 키워드: 息息相通，适应性，调节

Rén yǔ zìrán shì xīxī xiāngtōng de yí ge zhěngtǐ, zìrán huánjìng de gè zhǒng
人与自然是息息相通的一个整体,自然环境的各种

biànhuà, jītǐ bìrán huì zuòchū shìyìngxìng de zìwǒ tiáojié, yīncǐ qí yǐngxiǎng shì duō
变化,机体必然会作出适应性的自我调节,因此其影响是多

fāngmiàn de. Cóng zhōngyī lǐlùnshang láishuō, sìshí qìhòu biànhuà zhǔyào shì yǐngxiǎng réntǐ
方面的。从中医理论上来说,四时气候变化主要是影响人体

yángqì de shēngténg huò qiáncáng, cóng'ér dǎozhì jītǐ yīnyáng, qìxuè, zàngfǔ, jīngluò
阳气的升腾或潜藏,从而导致机体阴阳,气血,脏腑,经络

děng gèzhǒng shēnglǐ huódòng de gǎibià. Rú qìhòu wēnnuǎn huò yánrè shí, yóuyú tǐnèi
等各种生理活动的改变。如气候温暖或炎热时,由于体内

yángqì shēngténg, jītǐ de qìxuè yùnxíng qūxiàng yú tǐbiǎo, ér chūxiàn yìyú chūhàn hé
阳气升腾,机体的气血运行趋向于体表,而出现易于出汗和

niàoliáng jiǎnshǎo de shìyìngxìng tiáojié; xiāngfǎn, qìhòu liángshuǎng huò hánlěng shí, yóuyú
尿量减少的适应性调节;相反,气候凉爽或寒冷时,由于

tǐnèi yángqì de qiáncáng, jītǐ de qìxuè yùnxíng qūxiàng yú lǐ, ér chūxiàn bú yì
体内阳气的潜藏,机体的气血运行趋向于里,而出现不易

chūhàn hé niàoliáng zēngduō de shìyìngxìng tiáojié.
出汗和尿量增多的适应性调节。(题库 p.2 No.12)

自然 zìrán 자연

息息相通 xīxī xiāngtōng 서로 밀접하게 통하다

变化 biànhuà 변화

机体 jītǐ 유기체, 인체

必然 bìrán 필연적으로

会 huì ~할 것이다 ＊必然会~ : 반드시 ~할 것이다

作出 zuòchū (구체적으로 밖으로 나타나도록)하다. 만들어 내다. 해내다.

适应性 shìyīngxìng 적응적

自我 zìwǒ 자기

调节 tiáojié 조절

因此　yīncǐ 따라서, 이 때문에

影响　yǐngxiǎng 영향을 미치다

理论　lǐlùn 이론

四时　sìshí 사시, 사계절

气候　qìhòu 기후

变化　biànhuà 변화

主要　zhǔyào 주로

阳气　yángqì 양기

升腾　shēngténg 상승

潜藏　qiáncáng 침잠

从而　cóng'ér 따라서

导致　dǎozhì 초래하다, 야기하다

生理　shēnglǐ 생리

活动　huódòng 활동

改变　gǎibiàn 변화

如　rú 예컨대, 예를 들어

温暖　wēnnuǎn 온난하다

炎热　yánrè 덥다

由于　yóuyú ~ 때문에 * 由于~而~ ~ 때문에 그래서 ~하다

趋向于　qūxiàng yú ~으로 기울어지다/쏠리다

易于　yìyú ~하기 쉽다

出汗　chūhàn 땀이 나다, 발한

尿量　niàoliàng 소변량

减少　jiǎnshǎo 감소하다

相反　xiāngfǎn 반대로, 반면에

凉爽　liángshuǎng 시원하다

寒冷　hánlěng 춥다

增多　zēngduō 증가하다, 늘어나다, 많아지다

1) 如······ 예를 들면, 예컨대

   (1) <u>如</u>气候温暖或炎热时, 由于体内阳气升腾······

      예컨대 날씨가 따뜻하거나 더울 때는 체내의 양기가 상승하기 때문에······

   (2) 锻炼身体有很多种方法, <u>如</u>散步、游泳、打太极拳等。

      운동에는 여러 가지 방법이 있는데, 예를 들면 산책, 수영, 태극권 등이 있다.

2) 而······그리고, 그래서, 그런데, 그러나

    * 앞에 나오는 내용과 논리적 관계에 따라 순접(그리고, 그래서), 역접(그런데, 그러나)
    를 결정

   (1) 由于机体的气血运行趋向于里, <u>而</u>出现不易出汗和尿量增多的适应性
调节。

      인체의 기혈이 안쪽으로 이동하는 경향이 있기 때문에 땀이 잘 나지 않고 소변량이
증가하는 적응적 조절이 나타난다.

   (2) 疾病折磨他多年, 即使他产生过轻生的想法, <u>而</u>他又不甘心这样白白
地死掉。

      질병은 그를 여러 해 동안 괴롭혔으며, 그는 자살을 생각한 적도 있었지만 이렇게 헛되
이 죽고 싶지는 않았다.

<u>从中医理论上来说,</u>	<u>四时气候变化</u>	<u>主要是</u>	<u>影响</u>	<u>(人体阳气的)升腾或潜藏,</u>
부사어	주어	부사어 동사술어	(관형어) 목적어	

<u>从而</u>	<u>导致</u>	<u>(机体阴阳, 气血, 脏腑, 经络等各种生理活动的)</u>改变。
접속사	동사술어	(관형어) 목적어

126

‘从中医理论上来说’에서 ‘从~来说’는 ‘~으로 말하면’을 뜻하고, ‘主要是’에서 ‘是’는 형용사·동사 술어 앞에서 강한 긍정을 나타낸다. ‘从而’은 접속사로 ‘따라서’, ‘그래서’를 뜻한다.

1. 气候温暖或炎热时，有哪些生理活动的改变？

_____

_____

2. 气候凉爽或寒冷时，有哪些生理活动的改变？

_____

_____

의고문医古文

春三月，此谓发陈，天地俱生，万物以荣，夜卧早起.

《黄帝内经》四气调神大论

단어 🎧 15-03

此谓 cǐwèi 이를 ～라고 부른다

发陈 fāchén 발진 * 발진은 24절기에서 입춘부터 3개월로 일년의 시작이다. 봄의 양기를 이용해서
　　　　겨울의 묵은 기운을 없앤다.

俱 jù 모두

以 yǐ ～에 따라

夜卧 yè wò 밤에 자다

早起 zǎo qǐ 아침에 일어나다

봄 석달은 발진이라고 한다. 이때는 천지간에 생기가 일어나서 만물이 소생하고 번영한다. 따라서 밤에 자고 아침에 일찍 일어난다.

《황제내경》사기조신대론

자율 학습

四季气候：气候是天地相互作用而产生的阶段天气征象。一年间气候变化的规律一般是春温、夏热、秋凉、冬寒。自然界的生物在这种规律性气候变化的影响下，出现春生、夏长、秋收、冬藏等相应的适应性变化，而人体生理也随季节气候的规律性变化而出现相应的适应性调节。

단어 🎧 15-04

阶段　jiēduàn　단계

征象　zhēngxiàng　징후

春生　chūn shēng　봄에 나다

夏长　xià zhǎng　여름에 성장하다/자라다

秋收　qiū shōu　가을에 거두어들이다/수확하다

冬藏　dōng cáng　겨울에 저장하다

随　suí　~에 따라

해석

사계절 기후: 기후는 하늘과 땅이 상호 작용하여 발생하는 단계적 날씨 징후이다. 1년 기후 변화의 법칙은 일반적으로 봄은 따뜻하고, 여름은 덥고, 가을은 시원하고, 겨울은 춥다. 자연계의 생물은 이러한 규칙적인 기후 변화의 영향으로 봄에 나고, 여름에 자라고, 가을에 수확하고, 겨울에 저장하는 등 기후에 상응하는 적응적 변화를 하며, 인체의 생리도 계절 기후의 규칙적인 변화에 따라 이에 상응하는 적응적 조절을 한다.

第十六课

痰饮致病

11과 痰与饮에서 살펴본 것처럼 담음은 인체에 있는 진액이 어떤 원인에 의해서 순환이 제대로 되지 않아 생기는 비생리적인 물질이다. 본 과에서는 주로 담음이 정체된 부위에 따라서 다양한 증상이 생기는 것을 설명하고 있다.

핵심 키워드: 痰(tán)，可見(kějiàn)

Tán yǐn xíngchéng yǐhòu yóuyú tíngzhì de bùwèi bù tóng línchuáng biǎoxiàn yě bù tóng
痰饮形成以后，由于停滞的部位不同，临床表现也不同。

Yìbān de jiǎng yǐn duō tíngjīyú chángwèi xiōngxié hé jīfū tán zé suíqì shēngjiàng
一般地讲，饮多停积于肠胃，胸胁和肌肤；痰则随气升降

liúxíng nèi ér zàngfǔ wài ér jīngǔ píròu yǐngxiǎng qìxuè yùnxíng hé zàngfǔ
流行，内而脏腑，外而筋骨皮肉，影响气血运行和脏腑

qìjī de shēngjiàng yǐzhì xíngchéng duōzhǒng bìngzhèng Tán tíngyú fèi kějiàn késhuǎn
气机的升降，以致形成多种病证。痰停于肺，可见咳喘，

duō tán tán zǔyú xīn kějiàn xīnjì shīmián shénhūn diānkuáng tán zhìyú wèi
多痰；痰阻于心，可见心悸失眠，神昏癫狂；痰滞于胃，

kějiàn wèiwǎn mǎnmèn ǒutù ěxīn tánzhuó shàngfànyú tóu kějiàn xuànyūn hūnmào
可见胃脘满闷，呕吐恶心；痰浊上犯于头，可见眩晕昏冒；

tán liú sānjiāo huò shǎoyángjīng kějiàn hánrè wǎnglái nüèjí tánqì jiéyú yèhóu
痰留三焦或少阳经，可见寒热往来，疟疾；痰气结于咽喉，

kějiàn tūn zhī bú xià kǎ zhī bù chū zhī zhèng tán zhù sìzhī kějiàn mámù téngtòng
可见吞之不下，咯之不出之症；痰注四肢，可见麻木疼痛；

tán zài jīngluò jīn gǔ kěfā wéi yīnjū liúzhù luǒlì tánhé děng Yǐn yì
痰在经络、筋骨，可发为阴疽、流注、瘰疬、痰核等。饮溢

jīfū kějiàn jīfū shuǐzhǒng wú hàn shēntǐ tòngzhòng yǐn zài xiōngxié kějiàn
肌肤，可见肌肤水肿，无汗，身体痛重；饮在胸胁，可见

xiōngxié zhàngmǎn kétuò yǐntòng yǐn zài xiōnggé kějiàn xiōngmēn késhuǎn bùdé píngwò
胸胁胀满，咳唾引痛；饮在胸膈，可见胸闷咳喘，不得平卧；

yǐn zài chángjiān kějiàn chángmíng lìlì yǒushēng Lìngwài shétāi huání mài xián huò
饮在肠间，可见肠鸣、沥沥有声。另外，舌苔滑腻，脉弦或

huá dōu kě zuòwéi pànduàn tán yǐn bìngzhèng de yījù
滑，都可作为判断痰饮病证的依据。

痰　tán 담
饮　yǐn 음
形成　xíngchéng 형성하다, 만들다
以后　yǐhòu 이후

由于　yóuyú　~때문에

停滞　tíngzhì　정체하다, 멈추다

部位　bùwèi　부위

不同　bùtóng　차이, 다름

临床　línchuáng　임상

表现　biǎoxiàn　표현

也　yě　~도

一般　yìbān　일반적으로

停积　tíngjī　머물러 쌓이다

则　zé　~하면

升降　shēngjiàng　상승과 하강

流行　liúxíng　흐르다

脏腑　zàngfǔ　오장육부

筋骨　jīngǔ　근육과 뼈

皮肉　píròu　피부(가죽)과 살

影响　yǐngxiǎng　영향을 주다

气血　qìxuè　기혈

运行　yùnxíng　흐름, 운행

气机　qìjī　기의 활동, 기세

以致　yǐzhì　초래하다, 가져오다

病证　bìngzhèng　병증

肺　fèi　폐

可见　kějiàn　볼 수 있다, 알 수 있다

咳喘　kéchuǎn　기침과 천식. 기침하면서 숨이 차다.

阻于　zǔyú　~에 막혀 있다

心悸　xīnjì　심계항진

失眠　shīmián　불면

神　shén　정신

昏　hūn　혼미하다, 맑지 않다

癫狂　diānkuáng　(정신)착란, (정신)이상

滞　zhì　정체되다

胃脘　wèiwǎn　위완(부위). 명치아래의 부위

满　mǎn　가득 차다

闷　mèn　답답하다

呕吐　ǒutù　구토

恶心　ě·xin　메스껍다

犯　fàn　침범하다

眩晕　xuànyūn　눈이 흐리고 어지럽다

昏冒　hūnmào　혼미하다

留　liú　머물다

三焦　sānjiāo　삼초

少阳经　shǎoyángjīng　소양경

寒热　hánrè　한기와 열기

往来　wǎnglái　오고 가다

疟疾　nüèjí　학질

结　jié　엉기다, 맺히다

咽喉　yānhóu　인후

吞　tūn　삼키다

咯　kǎ　내뱉다

注　zhù　흘러 들어가다

四肢　sìzhī　사지

麻木　mámù　저리다

疼痛　téngtòng　아프다

发　fā　표현되다

阴疽　yīnjū　종기

流注　liúzhù　유주

瘰疬　luǒlì　나력

溢　yì　흐르다

水肿　shuǐzhǒng　부기

咳唾　kétuò　기침하고 침을 뱉다

胸膈　xiōnggé 흉격

胸闷　xiōngmèn 가슴이 답답하다

肠间　chángjiān 장의 사이

肠鸣　chángmíng 복명, 장에서 나는 소리

沥沥有声　lìlì yǒushēng 좔좔 소리가 난다

另外　lìngwài 그 밖에

舌苔　shétāi 설태

滑腻　huánì 매끈하다

脉弦　màixián 맥현

都　dōu 모두

作为　zuòwéi ~으로 삼다

判断　pànduàn 판단하다

依据　yījù 근거

문형

1) ……以致…… : ……이……을 가져오다, 초래하다, 야기하다

　(1) …影响气血运行和脏腑气机的升降, **以致**形成多种病证。

　　기혈의 운행과 장부 기기의 승강에 영향을 미쳐서 여러 가지 병증을 유발한다.

　(2) 他每天为了工作熬夜加班, 生活不规律, 心理压力过大, **以致**年纪轻轻

　　就过劳死。

　　그는 매일 일 때문에 밤을 새고 야근을 해서 생활이 불규칙하고 스트레스가 심해서
　　젊은 나이에 과로사했다.

2) ……可见…… : ……볼 수 있다, 나타나다

　(1) 痰停于肺, **可见**咳喘, 多痰。

담이 폐에 정체되면 기침과 천식, 가래가 나타난다.

(2) 痰阻于心, **可见**心悸失眠, 神昏癫狂

^{Tán zǔyú xīn} ^{kějiàn} ^{xīnjì shīmián} ^{shénhūn diānkuáng}

담이 심에 막혀 있으면 가슴이 두근거리고, 잠을 못 자며, 정신이 어둡고 전광증(癲狂症)이 나타난다.

문장 구조

(一般地) 进,		饮	多	停积于	肠胃。
부사어	술어	주어	부사어	술어	목적어

'地'는 부사어를 만드는 구조조사이며, 부사어는 서술어 앞에서 서술어를 수식하는 성분을 말한다. '多停积于肠胃'의 '多' 역시 부사어이며 '停积于'를 수식한다.

복습

1. 痰停于肺, 有何临床表现?

2. 痰阻于心, 有何临床表现?

3. 判断痰饮病症的依据有什么?

痰属湿热, 乃津液所化, 因风寒湿热之感, 或七情饮食所伤, 以致气逆液浊, 变为痰饮, 或吐咯上出, 或凝滞胃膈, 或留聚肠胃, 或客于经络四肢, 随气升降, 遍身上下无处不到。

《明医杂著》卷之二

단어 🎧 16-03

属　shǔ　속하다

湿热　shīrè　습열

乃　nǎi　~이다

津液　jīnyè　진액

所化　suǒhuà　변한 바이다

因　yīn　~ 때문에

气逆　qìnì　기가 역행하다

液浊　yèzhuó　액이 탁해지다

变为　biànwéi　~으로 변하다

或　huò　혹은

吐咯　tǔkǎ　토하다

凝滞　níngzhì　응고하여 뭉치다

留聚　liújù　머물러 뭉치다

客于　kèyú　~에 기거하다, 머물다

遍身　biànshēn　온 몸

无处不到　wúchù búdào　도달하지 않는 곳이 없다

해석

담은 습열에 속하며 진액이 변화된 것인데, 풍, 한, 서, 습에 감촉되거나 칠정, 음식에 손상된

바로 인해서 기가 거슬러 오르고 액이 탁해져서 변해서 담음이 된다. 혹 토하여 위로 나오고 혹은 위나 횡격막에 뭉쳐서 있으며, 혹은 장이나 위에 머물러 몰려 있고 혹은 경락이나 팔다리에 머물러 있다가 기의 오르고 내리는 것을 따라서 온 몸의 위, 아래에 도달하지 않는 곳이 없다.

《명의잡저》권2

자율 학습

> 痰，不同情况下又可变生多种痰证或饮证。痰可随气升降，无处不到，病及不同的脏腑、经络或滞留于机体不同部位，表现为多种临床变化。如痰阻于肺，可见咳喘、咳痰；痰迷心窍，可见胸闷、心悸、神昏、癫狂；痰停于胃，则可见恶心、呕吐、脘痞不舒：痰留经络、筋骨，则可致瘰疬、痰核、肢体麻木，或半身不遂，或为阴疽流注；痰浊上犯于头，则清窍不利，可致眩晕、昏冒；痰气凝结于咽喉，则可致咽中如物梗阻，如有异物，吞之不下，吐之不出，称为"梅核气"。饮邪为病，随其停聚部位的不同而有不同的名称，如饮停胸胁，则为"悬饮"；饮邪犯肺，则为"支饮"：饮留四肢，则为"溢饮"等。
>
> 출처: 中医基础理论(第4版) p.193

단어 🎧 16-04

变生 biànshēng 변해서 발생하다

滞留 zhìliú 머물다

胸闷 xiōngmèn 가슴이 답답하다

心悸 xīnjì 불안하다

癫狂 diānkuáng 정신이 이상하다

恶心 ěxin 매스껍다

呕吐 ǒutù 구토하다

痞 pǐ 비대하다

136

瘰疬　luǒlì 나력, 연주창

麻木　mámù 저리다

半身不遂　bànshēn bùsuí 반신불수

清窍　qīngqiào 칠규, 사람의 두 눈·두 귀·두 콧구멍 및 입을 가리킴

眩晕　xuànyùn 눈이 흐리고 어지럽다

昏冒　hūnmào 혼미하다

梗阻　gěngzǔ 막히다

异物　yìwù 이물

梅核气　méihéqì 매핵기

悬饮　xuányǐn 현음

溢饮　yìyǐn 일음

해석

　담은 상황에 따라 다양한 담증이나 음증으로 변할 수 있다. 담은 기의 승강에 따라 이르지 않는 곳이 없고, 병이 오장육부와 경락에 미치거나 인체 부위에 머물면 여러 가지 임상 변화로 표현된다. 예를 들어, 담이 폐를 막으면 기침, 천식, 가래 증상이 있고, 담이 심장에 있으면 가슴이 답답하고, 불안하고, 정신이 혼미하고 이상하다. 담이 위에 있으면 메스껍고 구토가 나고 위장이 꽉 차서 편하지 않다. 담이 경락, 근골에 머무르면 나력, 담해, 사지저림이 나타나며 반신불수가 되거나 종기나 고름이 생긴다. 담이 탁해져서 위로 뇌를 침범하면 칠규가 순조롭지 않아서 눈이 흐리고 어지럽고 정신이 혼미하다. 담기가 인후에서 응고되어 맺히면 목구멍에 무엇이 막혀 있거나 이물감이 있어서 삼켜도 내려가지 않고 토하도 나오지 않아서 '매핵기'라고 부른다. 음이 병증이 되면 정체 부위별로 명칭이 다른데, 음이 흉격에서 멈추면 '현음'이고 음이 폐를 침범하면 '지음'이고, 음이 사지에 머무르면 '일음'이라고 한다.

부 록

제1과 치미병

미병의 치료는 두 가지 측면을 포함한다. 하나는 건강한 사람을 대상으로 하는 '병이 나지는 않았지만 먼저 대비'하는 것이고, 또 하나는 병자를 대상으로 하는 '이미 병에 걸렸지만 전이되거나 악화되는 것을 예방'하는 것이다. '미병선방'의 구체적인 조치로는 마음을 다스리고, 운동을 하고, 음식과 생활을 규칙적으로 해서 신체의 원기를 끌어 올리고, 인공면역을 사용하고, 인체의 독을 다스리는 것 등으로 병을 예방하는 것이다. '기병방변'의 구체적인 조치로는 조기에 진단하고 치료하고, 병세 전이와 악화 규칙에 따라 '아프지 않은 곳을 먼저 다스리는 것'등으로 병의 전이와 악화를 예방한다.

제2과 음양

음양은 중국 철학의 범주에 속한다. 음양의 원래 의미는 햇빛의 향하는 것과 등지는 것을 가리키는 것으로 태양을 향하면 양이고 태양을 등지면 음이다. 후에 음양의 의미는 기후의 한기와 온기, 방향의 상하, 좌우, 내외, 사물의 운동상태인 동과 정 등으로 확장되었다. 격렬하게 움직이는 것, 외향적인 것, 올라가는 것, 따뜻한 것, 밝은 것은 양의 속성이고, 상대적으로 멈춰 있는 것, 내성적인 것, 내려가는 것, 차가운 것, 어두운 것은 음의 속성이다. 따라서 음양은 자연계에서 서로 관련이 있으면서도 상대적으로 대립적인 사물과 현상의 상반된 속성을 말하는 것이다.

제3과 오행학설

오행학설은 고대 중국에서 자연을 이해하고 자연을 해석하며 자연의 법칙을 탐구하는데 사용된 학설로 고대 중국 유물론의 범주에 속한다. 그것은 나무, 불, 흙, 금, 물 다섯 가지 물질의 특성을 사용하여 다양한 사물의 다섯 가지 속성을 추론하고, 나무, 불, 흙, 금, 물

사이의 '상생'과 '상극'을 사용하여 사물 간의 상호 관계를 밝혀낸다. 따라서 오행설은 자연계의 모든 사물이 목, 화, 토, 금, 수 다섯 가지 물질 사이의 운동 변화에 의해 만들어진다고 보고, 오행 사이의 '상생'과 '상극'을 물질 세계 전체의 운동 변화를 하나로 묶는 기본 법칙으로 본다.

제4과 장상학설

'장상학설'은 인체의 생리적, 병리학적 현상을 관찰하여 여러 장기의 생리적 기능, 병리학적 변화 및 이들의 상호 관계를 연구하는 이론이다. 장상이론은 중의학(한의학)의 이론 체계에서 매우 중요한 위치를 차지하며 인체의 생리와 병리를 명확하게 하고, 임상실습을 지도하는데 보편적인 지침으로 작용한다. 임상 각 과의 증후군 변별과 치료의 기초이므로 '의사가 장기를 잘 모르면 병의 근원을 분간할 수 없고 약을 처방할 수 없다'는 말이 있다.

제5과 장부

장과 부의 주요 차이점은 해부형태학 측면에서 내장은 대부분 실질적인 장기이고 부는 대부분 속이 비어 있는 기관이다. 생리적 기능이라는 측면에서 장의 특성은 정기를 화학적으로 생성하고 저장하는 것이고, 부의 특성은 수곡을 넘겨 받아서 전환하는 것이다. 꽉 차서 퍼져있는 상태를 띤 정기가 오장에 충만하기 때문에 '가득 차 있지만 실하지 않다'고 하며, 수곡의 수용과 전환에서는 위가 차면 장이 비고, 장이 차면 위기 비기 때문에 실하지만 가득 차지 않는다고 말한다. 정기는 생명 활동을 유지하기 위한 기본 물질이기 때문에 이유 없이 손실되어서는 안 되며 '간직하되 배출하지 않는다'고 말하고, 수곡은 체내에 오래 머물 수 없으며 찌꺼기로 전환되어 배설되어야 하므로 '배출하고 간직하지 않는다'고 말한다.

제6과 기

기는 일종의 자연현상으로 중국 고대철학에서는 기를 세계를 구성하는 가장 기본적인 물질이고, 우주의 모든 사물은 기의 운동변화에 의해 발생한다고 생각한다. 이러한 관점은 의학 분야에 도입되어 기는 끊임없이 움직이는 활력이 강한 정미 물질이며 인체를 구성하는 가장 기본적인 물질이고 또한 인체의 생명 활동을 유지하는 가장 기본적인 물질이라고 여겨진다. 이것이 바로 기의 기본 개념이다.

제7과 혈

혈은 주로 영기와 진액으로 이루어진다. 영기와 진액은 비장과 위장의 운동이 음식물의 소화 흡수에 영향을 미쳐서 생성된 수곡정미에서 나오기 때문에 '비장과 위장은 기혈 생성의 원천'이라고 말한다. 혈의 생성은 주로 영기가 진액과 결합해서 폐맥에 주입되어 혈액으로 변한 것이다. 이밖에 비장과 위장의 운화 기능은 신장에서 정기의 증등기화와 관련이 있는데 정기와 혈액은 상호 작용하므로 혈액의 생성은 정기와도 관련이 있다.

제8과 진액

진액은 체내의 모든 정상 수액의 총칭으로 내장, 조직, 기관에 내재된 체액과 정상 분비물을 포함한다. 진액은 기와 혈액과 마찬가지로 신체의 생존을 위한 기본 물질이다.

진과 액은 성질과 형상, 분포 및 기능이 다르다. 일반적으로 진은 성질이 비교적 묽고 유동성이 높으며 기혈의 흐름에 따라 온몸으로 퍼지며 또한 외부적으로 인체 표면의 피부, 근육, 구멍에 도달할 수 있고, 내부적으로는 오장육부, 조직, 기관에 침투하여 윤활작용을 할 수 있다. 액은 성질이 탁하고 유동성이 적으며 뼈마디, 내장, 뇌, 골수 등 조직에 주입되어 영양제 역할을 한다. 이것이 바로 진과 액의 주요 차이점이다.

제9과 경락

경락은 경맥과 낙맥의 총칭이다. 경락은 온몸의 기혈을 움직이고 내장 및 상하지의 관절을 연결하고 상하 및 내외부와 통하는 통로이다. 그중 경맥은 줄기이고 낙맥은 가지이다. 경맥은 대부분 체내의 깊은 부분을 따라 움직이며 일정한 순행 경로가 있으며, 낙맥의 순행 부위는 비교적 얕고 종횡으로 교차되며, 전신을 연결하는 망처럼 인체의 내장, 기관, 구멍, 피부, 근육, 뼈 등을 연결해서 하나의 유기체로 만든다.

제10과 병인

《삼인극일병증방론》이라는 책에서는 저자 진무택이 《금궤요략》 "천 가지 병도 세 가지를 넘지 않는다"(즉 병이 여러 가지이지만 그 원인은 세 가지를 넘지 않는다)를 확장하고 발전시켜 새로운 《삼인학설》을 제안했다. 즉 육음과 사기의 침입은 외부 요인이고, 심리적인 것은 내부 요인이며, 음식을 잘못 먹거나 피로하거나 넘어지거나 날카로운 것에 다친 것에 다친 것, 벌레나 짐승에게 다친 것은 내부 요인도 외부 요인도 아니다. 이러한 질병 유발 요소와 발병 경로를 결합한 분류 방법은 임상 논증에서 지침으로서 일정한 의미가 있다. 송나라 이후 지금까지 모두 진무택 '삼인 학설'의 병인 분류 방법을 사용해왔다.

제11과 담과 음

담(걸쭉한 가래)와 음(묽은 가래)는 병리적 산물이지만 세분하면 차이점이 있는데, 성질과 모양에 근거해서 보면 담은 비교적 걸쭉하고 음은 비교적 묽기 때문에 이중재는 '의종필독'에서 '걸쭉한 것은 담이고 묽은 것은 음이다'라고 말했다. 병변 부위에 근거해서 보면 담은 온몸에 돌아다닐 수 있지만, 음은 위장, 옆구리 등 한 곳에 국한된다. 병세변화에 따라서 보면, 담은 변화가 많고 음은 변화가 적다.

제12과 어혈

어혈은 체내의 혈액이 멈춘 것으로 경로를 벗어난 혈액이 체내에 쌓이거나, 혈액의 흐름이 원활하지 않아 경맥이나 오장육부에 정체된 혈액을 가리킨다. 어혈은 질병 과정에서 형성된 병리 산물이면서 질병들의 발병 요인이기도 하다. 어혈의 형성에는 두 가지 측면이 있다. 하나는 기허, 기체, 혈한, 혈열 등의 원인으로 인한 것이다. 예를 들어, 기가 허해서 피를 움직이는데 힘이 없어서 혈액의 흐름이 지체되어 어혈이 된 것이다. 화를 내면 피는 응고되고, 한사가 경맥에 머물면 경맥이 오그라들고 당기면서 뻣뻣해지고 혈의 흐름이 원활하지 않아 어혈이 발생한다. 혈과 열이 결합하면 혈액을 끈적하게 만들어서 흐름이 원활하지 않고 어혈을 만들 수 있다. 다른 한편으로는 각종 외상이나 내출혈 등 요인으로 혈액이 경로를 벗어나 제 때 흩어지지 않으면 어혈이 된다.

제13과 병기

병기는 질병의 발생, 발달 및 변화의 메커니즘이다. 중의 병기학의 주요 내용은 사정성쇠, 음양실조, 기혈이상, 진액대사이상, 내생 '오사', 경락 및 내장 기능 장애와 같은 병기 변화의 일반적인 법칙을 포함한다.

제14과 정체관념

전체관은 중의학의 기본 특징 중의 하나로 중의학의 생리, 병리, 진단, 치료 등 다양한 측면을 관통한다. 요약하면 인간은 유기적인 전체이고 인간과 자연의 통일이라는 두 가지 측면이다. 인간은 유기적인 전체라는 점은 다음에서 드러난다. 즉 인체의 각 구성 부분 간의 조직 구조에서 서로 연결되어 있는 전체이고, 각각의 생리 활동은 상호 활용, 상호 협조 및 균형을 이루는 하나의 전체이며, 부분적인 병리학적 변화도 전체와 관련이 있다. 인간과 자연의 통일성은 다음에서 드러난다. 즉 인간은 주로 자연계에서 살고 있는데 한편으로는 자연은 인간이 생존하는 데 필요한 환경을 가지고 있으며 다른 한편으로는 인간 자체가 자연 환경의 변화에 적응하기 위해 스스로를 조절하는 능력을 가지고 있기 때문에 인간과 자연은 밀접하게 연결된 하나의 전체이다. 자연환경의 변화가 인간 자체의 자기조절 능력을 넘어선다면 생리적인 적응조절이 병리학적 반응으로 변화하여 각종 질병을 일으키고 심지어는 생명 활동을 중지시킨다.

제15과 사시기후변화와 인체생리활동

사람과 자연은 서로 밀접하게 통하는 하나이며, 자연 환경의 여러 가지 변화에 따라 인체는 필연적으로 적응적 자기 조절을 하게 되므로 그 영향은 다면적이다. 중의학(한의학) 이론에서 사계절 기후 변화는 주로 인체 양기의 상승 또는 침잠에 영향을 미치므로 신체의 음양, 기혈, 내장, 경락 등 여러 생리 활동의 변화를 초래한다. 예를 들어, 날씨가 따뜻하거나 더울 때는 신체의 양기가 상승하고 신체의 기혈이 인체의 표면으로 움직이는 경향이 있어 쉽게 땀이 나고 소변량이 감소하는 적응적 조절이 나타난다. 반면에 날씨가 시원하거나 추울 때는 체내 양기의 침잠으로 인해 신체의 기혈이 안쪽으로 이동하는 경향이 있어 땀이 잘 나지 않고 소변량이 증가하는 적응적 조절이 나타난다.

제16과 담음치병(담음으로 병이 되다)

담음이 생긴 이후에는 정체된 부위에 따라 임상 증상도 다르다. 일반적으로 음은 대부분 위와 장, 가슴과 옆구리, 근육과 피부에 쌓이고, 담은 기의 상승과 하강에 따라 내부적으로는 오장육부, 외부적으로 근육, 뼈, 피부와 살 등을 돌아다니면서 기혈의 운행과 장부의 활동에 영향을 주어 여러 가지 병증을 초래한다. 담이 폐에 멈추면 기침과 천식, 가래가 많아지고, 담이 심장을 막으면, 심계항진, 불면증, 정신이 혼미해진다. 담이 위에 정체되면, 위가 꽉 차고, 구토와 메스꺼움이 보이고, 담이 탁해져서 머리로 가면, 눈이 흐리고 어지럽다. 담이 삼초 또는 소양경에 머무르면, 한기와 열기가 번갈아 나타나거나 학질에 걸린다. 담이 인후에 있으면 삼켜도 내려가지 않고 뱉어도 뱉어지지 않고, 담이 사지로 흘러 들어가면, 사지가

저리고 통증이 있다. 담이 경락, 근육과 뼈에 있으면 종기, 농혈증, 나력, 담핵 등으로 나타난다. 음이 근육과 피부에 있으면 부종, 무한증, 신체통과 몸이 무거운 증상 등이 나타나고, 음이 가슴과 옆구리에 있으면 가슴과 옆구리가 부풀어 오르고 침을 뱉거나 기침을 할 때 통증이 있다. 음이 흉격에 있으면 가슴이 답답하고 기침이 나고 숨이 차며 똑바로 누울 수가 없으며, 음이 장간막에 있으면 복명이 있고 좔좔하는 소리가 난다. 그밖에 또한 설태가 미끄덩거리고, 맥현이나 맥활, 모두 담음 병증을 판단하는 근거로 삼을 수 있다.

제1과

1. 一是针对健康人的"未病先防", 一是针对已病者的"既病防变"。
2. 调摄精神, 加强锻炼, 注意饮食起居的有节等增强机体的正气, 以及采用人工免疫和"避其毒气"等。
3. 早期诊断, 早期治疗, 以及根据病情传变规律, "先安未受邪之地"等。

제2과

1. 是指日光的向背, 向日为阳, 背日为阴。
2. 以剧烈运动着的、外向的、上升的、温热的、明亮的为阳的属性。
3. 以相对静止着的、内守的、下降的、寒冷的、晦暗的为阴的属性。

제3과

1. 属于中国古代唯物论范畴。
2. 木、火、土、金、水。
3. 五行之间"相生"、"相克"。

제4과

1. "藏象学说", 是通过对人体生理、病理现象的观察, 研究人体各个脏腑的生理功能、病理变化及其相互关系的学说。
2. "藏象学说"对于阐明人体的生理和病理, 指导临床实践, 具有普遍的指导意义。

제5과

1. 精气呈涣散状态充满于五脏, 故说"满而不实"。

2. 水谷食物的受盛和传化, 呈胃实而肠虚, 肠实而胃虚, 故说"实而不满"。

3. 精气是维持生命活动的基本物质, 不应无故流失, 故说"藏而不泻"。

제6과

1. 中国古代哲学中将气认作是构成世界的最基本物质, 宇宙间的一切事物, 都是由气的运动变化而产生的。

2. 医学领域认为气是不断运动着的具有很强活力的精微物质, 是构成人体和维持人体生命活动的最基本物质。

제7과

1. 血主要由营气和津液所组成。

2. 血的生成, 主要是通过营气的"泌其津液", "上注于肺脉"的作用。

제8과

1. 津液, 是体内一切正常水液的总称, 包括各脏腑组织器官中的内在体液及其正常的分泌物。

2. 津的性质较清稀, 流动性较大, 流动性较大, 随着气血的运行而流布到全身, 并能外达体表皮肤、肌肉和孔窍, 内渗于脏腑、组织、器官, 起着滋润的作用。

3. 液的性质较稠厚, 流动性较小, 灌注于骨节、脏腑、脑、髓等组织, 起着濡养作用。

제9과

1. 经络是经脉和络脉的总称。

2. 经脉是主干, 大多循行于体内较深的部位, 有一定的循行径路。

3. 络脉是分支, 循行部位较浅, 纵横交错, 网络全身。

제10과

1. 六淫邪气侵袭为外所因。

2. 情志所伤为内所因。

3. 饮食劳倦、跌仆金刃以及虫兽所伤等为不内外因。

제11과

1. 痰比较稍厚。

2. 饮较为清稀。

3. 痰能游溢全身；饮则局限一处，如肠胃、胁下。

제12과

1. 瘀血是指体内有血液停滞，包括离经之血积存于体内，或血运不畅，阻滞于经脉及脏腑内的血液。

2. 一方面是由于气虚、气滞、血寒、血热等因素；另一方面是由于各种外伤或内出血等因素使血离经隧，不能及时消散而成瘀血。

제13과

1. 病机，即是指疾病发生、发展和变化的机理。

2. 包括邪正盛衰、阴阳失调、气血失常、津液代谢失常、内生"五邪"、经络和脏腑功能紊乱等病机变化的一般规律。

제14과

1. 人体各个组成部份之间在组织结构上是相互联结着的一个整体；各个生理活动之间是相互为用，相互协调平衡的一个整体；局部的病理变化也与整体相关等。

2. 人生活在自然界，一方面是自然存在着人类生存的必要环境；另一方面人类本身具备着自我调节能力，以适应自然环境的变迁。

제15과

1. 机体的气血运行趋向于体表，而出现易于出汗和尿量减少的适应性调节。

2. 机体的气血运行趋向于里，而出现不易出汗和尿量增多的适应性调节。

제16과

1. 痰停于肺，可见咳喘，多痰。

2. 痰阻于心，可见心悸失眠，神昏癫狂。

3. 舌苔滑腻，脉弦或滑，都可作为判断痰饮病证的依据。

1과

治	1. 나라, 사회, 집안의 일을 보살피고 주재하다 2. 다스리다 3. 안정되다 4. 옛날 지방정부의 소재지
	治疗 zhìliáo 치료 　　　　　　辨证论治 biànzhèng lùnzhì 변증론치
다스릴(치) zhì	治

⇨ 治(다스릴 치)자는 氵(물 수)변에 台(별 태)를 결합한 글자이다. 台자는 수저를 입에 가져가는 모습이라고 하여, 옛날 농경사회에서는 하천을 잘 다스려서 백성들을 먹여 살린다는 의미에서 治를 사용하였다.

疾	1. 질병 2. 고통 3. 미워하다 4. 근심하다 5. 빠르다
	疾病 jíbìng 질병 　　　　　　脉滑疾 màihuájí 맥활질(맥이 매끄럽고 빠르다)
병(질) jí	疾

⇨ 疾(병 질)자는 疒(병질 엄)에 矢(화살 시)가 결합한 글자로, 사람이 화살에 맞아서 목숨을 잃을 정도는 아닌 질병을 말한 것이다. 일반적인 질병을 疾이라 하였고, 심각한 질병을 病이라고 하였다.

病	1. 병 2. 병나다 3. 결함 4. 해치다
	生病 shēngbìng 병이 나다 　　　　　　毛病 máobìng 약점, 고장, 결점, 병
병(병) bìng	病

⇨ 病(병 병)자는 疒(병질 엄)의 뜻을 나타내는 부분과 음을 나타내는 丙(남녘 병)이 결합된 글자이다. 疾보다 심각한 질병을 病이라 하였다.

疫	1. 역병 2. 악성 유행병 3. 급성 전염병
	瘟疫 wēnyì 급성 전염병
돌림병(역) yì	疫

⇨ 疫(돌림병 역)자는 疒(병질 엄)에 殳(몽둥이 수)가 결합한 글자로, 하나의 해석은 병에 걸리면 몽둥이로 온 몸을 두들겨 맞은 듯 아프다는 뜻에서 전염병의 뜻을 의미하였고, 다른 해석은 疒에 役(부릴 역)의 결합이라고 생각해서 귀신 따위가 부려서 병이 여러 사람에게 전염된다고 생각하여 전염병의 뜻이 되었다는 것이다.

疗	⇐ 療 1. 고치다 2. 치료하다 3. 물리치다 4. 극복하다								
	医疗 yīliáo 의료　　　　　　　　治疗 zhìliáo 치료								
고칠(료) liáo	疗								

⇨ 療(고칠 료)자는 뜻을 의미하는 疒(병질 엄)자와 음을 나타내는 寮(벼슬아치 료)가 결합된 글자이다. 疒자 안의 글자가 복잡하여 발음이 비슷한 了(liǎo)를 채택하여 결합하여 만들었다.

健	1. 건강하다 2. 강하게 하다								
	健康 jiànkāng 건강								
굳셀(건) jiàn	健								

康	1. 건강하다 2. 풍족하다								
	康复 kāngfù 건강을 회복하다								
편안할(강) kāng	康								

精	1. 정제한 2. 정제한 것 3. 훌륭한 4. 정밀하다								
	精血 jīngxuè 정혈(정과 혈)　　　　　精氣 jīngqì 정기								
찧을(정) jīng	精								

⇨ 精자는 米(쌀 미)와 青(푸를 청)이 결합된 글자이다. 수확한 벼는 도정을 거쳐서 깨끗하게 되듯이 사람의 '정성스러운' 노동을 통해서 깨끗한 것을 얻을 수 있음을 말하였다. 따라서 '깨끗하다'라는 뜻에 더해서 '정성스럽다'라는 의미도 갖게 되었다.

神	1. 신 2. 신비롭다 3. 정신								
	精气神 jīngqìshén 몸의 3가지 보배(三寶)라고 하여 정, 기, 신을 가리킨다. 有神 yǒushén 유신. 정신작용이 원활하게 작동되는 건강한 상태.								
귀신(신) shén	神								

⇨ 神자는 示(보일 시)와 申(펼 신)이 합쳐진 글자로, 예전에 번개가 내리치는 것이 보인다는 것인데, 번개를 귀신의 작용으로 본 것인 듯 하다.

	⇐ 诊 1. 진찰하다
诊	诊断 zhěnduàn 진단, 진단하다 四诊 sìzhěn 진찰할 때의 '望wàng'(보다)·'闻wén' (소리를 듣다)·'问 wèn'(묻다)·'切qiè'(맥을 짚다)의 네 가지 진단법.
볼(진) zhěn	诊

阴	⇦ 陰 1. 흐림 2. 흐리다 3. 음흉하다 4. 은밀한	
	阴阳 yīnyáng 음양	阴证 yīnzhèng 음증
그늘(음) yīn	阴	

⇨ 陰자는 阜(阝: 언덕 부)자와 今(이제 금)자, 云(구름 운)자가 결합한 모습이다. 今은 의미와는 관계없이 금→음으로 유사한 발음이 나게 한 것으로 보인다. 언덕과 구름과 같이 하늘의 햇빛을 가리면 그늘이 되는 것을 의미한다.

阳	⇦ 陽 1. 태양 2. 산의 남쪽	
	阳气 yángqì 양기	阳证 yángzhèng 양증
볕(양) yáng	阳	

⇨ 陽자는 阜(阝: 언덕 부)자와 昜(볕 양)자가 결합한 모습이다. 언덕 옆에 제단이 있고 제단 위를 햇빛이 내리쬐고 있는 형상을 묘사한 것이다. 그리하여 밝음을 표현하였다.

寒	1. 춥다 2. 오싹하다	
	寒热 hánrè 한열, 오한과 발열	寒邪 hánxié 한사
찰(한) hán	寒	

冷	1. 차다 2. 식히다	
	冷静 lěngjìng 냉정하다. 고요하다	
찰(랭) lěng	冷	

暖	1. 따뜻하다 2. 온화하다 3. 따뜻하게 하다	
	暖和 nuǎnhuo 따뜻하다	温暖 wēnnuǎn 따뜻하다
따뜻할(난) nuǎn	暖	

热 열(열) rè	⇦ 熱 1. 덥다 2. 열 3. 가열하다 发热 fārè 발열　　　　　　　　　虚热 xūrè 허열 热
⇨ 熱자의 坴(언덕 륙)부분을 간략히 하여서 扌(손 수)변으로 바꾸어 중국어를 만들었다.	
气 기운(기) qì	⇦ 氣 1. 기운 2. 기체 3. 공기 4. 호흡 5. 자연계의 현상 气喘 qìchuǎn 기천(숨이 찬 증상)　　短气 duǎnqì 숨이 가쁜 증상 气
⇨ 氣자는 气(기운 기)자 아래에 米(쌀 미)자가 결합된 글자로, 쌀로 밥을 지을 때 나오는 수증기를 뜻한다. 气는 본래 三(석 삼)처럼 그려서 하늘의 기운을 표현하는데 석 삼과 비슷해서 맨 아래 획의 우측단을 꺾어서 쓰게 되었다. 중국어에서는 복잡한 氣자를 단순화하여 气로 쓰고 있다.	
候 물을(후) hòu	1. 기다리다 2. 문안하다 3. 살피다 4. 돈을 치르다 问候 wènhòu 안부를 묻다　　　　　气候 qìhòu 기후 候
晦 그믐(회) huì	1. 그믐 2. 어둡다 3. 분명하지 않다 4. 밤 晦暗 huì'àn 어둡다. 캄캄하다　　　　风雨如晦 fēngyǔ rúhuì 비바람으로 밤처럼 캄캄하다 晦
暗 어두울(암) àn	1. 어둡다 2. 껌껌하다 3. 우매하다 4. 어리석다 暗紫舌 ànzǐshé 암자색의 혀　　　　目暗 mù'àn 눈앞이 컴컴하다 暗

五	1. 다섯(5) 2. 다섯째							
	五行 wǔxíng 오행　　　　　　五脏 wǔzàng 오장							
다섯(오) wǔ	五							

行	xíng 1. 걷다 2. 길 3. 여행 4. 이동식의 háng 1. 줄 2. 형제 사이의 항렬 3. 직업 4. 상점							
	步行 bùxíng 보행, 보행하다　　银行 yínháng 은행							
걸을(행) xíng / háng	行							

⇨ 行자의 갑골문에는 네거리로 갈라진 길 모양(𣥂)으로 되어 있었다. 즉 사람이나 수레가 서로 지나는 길을 의미하였고, 이후에 길, 도로, 가다와 같은 뜻을 지니게 되었다.

木	1. 나무 2. 목재							
	木气 mùqì 목의 기운, 간의 기운　　木生火 mù shēng huǒ 목생화							
나무(목) mù	木							

火	1. 불 2. 긴급하다 3. 붉다							
	心火 xīnhuǒ 심화　　　　　　虚火 xūhuǒ 허화							
불(화) huǒ	火							

土	1. 흙 2. 땅 3. 토속적이다 4. 토착의							
	脾土 pítǔ 비토　　　　　　　土生金 tǔ shēng jīn 토생금							
흙(토) tǔ	土							

金	1. 금속 2. 돈 3. 황금	
	肺金 fèijīn 폐금	金生水 jīn shēng shuǐ 금생수
쇠(금) jīn	金	

水	1. 강 2. 강·호수·바다 따위의 통칭 3. 즙액 4. 비용	
	肾水 shènshuǐ 신수	水生木 shuǐ shēng mù 수생목
물(수) shuǐ	水	

相	xiāng 1. 서로, 함께 xiàng 1. 외모, 2. 겉모양, 3. 사진	
	xiāng 相生 xiāngshēng 상생 xiàng 照相 zhàoxiàng 사진을 찍다	相克 xiāngkè 상극
서로(상) xiāng / xiàng	相	

生	1. 낳다 2. 생기다 3. 발생하다 4. 삶	
	生老病死 shēng lǎo bìng sǐ 생로병사	生活 shēnghuó 생활, 생활하다
날(생) shēng	生	

克	⇐ 剋 1. ~할 수 있다. 2. 잘하다 3. 극복하다, 억제하다	
	克己 kèjǐ 극기	生克制化 shēng kè zhì huà 생극제화
이길(극) kè	克	

⇨ 번체자인 剋자는 뜻을 나타내는 선칼도방(刂)과 음을 나타내는 克이 합쳐진 글자이다. 간체자를 만들면서 선칼도방을 제거하고 克으로 하였다.

藏	zàng 1. 창고 2 불교나 도교 경전 3. 脏(zàng)과 통용 4. 西藏(Xīzàng 티베트) cáng 1. 숨다 2. 숨기다 3. 저장하다 4. 맡아두다
	藏象 zàngxiàng 체내 내장에 간직된 것이 체외로 생리, 병리 현상이 드러나는 것을 가리킨다. 冬藏 dōngcáng 가을에 수확한 것을 겨울동안 저장하다.
감출(장) zàng / cáng	藏

象	1. 코끼리 2. 상아 3. 형상 4. 가장하다
	四象 sìxiàng 사상　　　　　　　气象 qìxiàng 기상
코끼리(상) xiàng	象

脏	⇦ 臟(오장 zàng), 髒(더럽다 zāng)
	心脏 xīnzàng 심장　　　　　　手脏了 shǒu zāng le 손이 더러워졌다.
오장(장) zàng, zāng	脏

⇨ 뜻을 나타내는 육달월(⺼(=肉))과 음을 나타내는 藏(장)이 결합된 글자인데, 藏부분이 복잡하므로 간단하고 발음이 비슷한 庄으로 바꿨다.

腑	1. 장부
	感人肺腑 gǎnrén fèifǔ 마음속 깊이 감동시키다.　　　六腑 liùfǔ 육부
장부(부) fǔ	腑

⇨ 뜻을 나타내는 육달월(⺼(=肉))과 음을 나타내는 府(부)가 결합된 글자이다. 오장육부에서 육부는 담, 소장, 위, 대장, 방광, 삼초를 말한다.

医 의사(의) yī	⇐ 醫 1. 의사 2. 의학 3. 치료하다 4. 성
	医生 yīshēng 의사 　　　　　　　　医疗 yīliáo 의료
	医

⇨ 醫자는 殹(앓는 소리 예)자와 酉(닭 유)자가 결합되어 있는 모습니다. 왼쪽의 医는 몸에 꽂혀있던 화살을 상자에 담은 모습을 형상화하고 있고, 殳(몽둥이 수)는 몽둥이에 맞은 것을 형상화하고 있다. 아래의 酉자는 본래 酒에서 온 것으로 알코올 혹은 약술로 치료를 한 것으로 보인다. 다른 해설로는 醫자가 본래 毉와 같다고 하여, 아래에 巫(무당 무)자를 써서 주술에 의해서 치료를 했다고 보아서 의료의 기원을 주술로 보기도 한다. 중국어에서는 醫자를 간편하게 医로 하였다.

临 임할(림) lín	⇐ 臨 1. 임하다 2. 면하다 3. 이르다 4. 부딪치다
	临床 línchuáng 임상 　　　　　背山临水 bèishān línshuǐ 배산임수(산을 등지고 강을 바라본다)
	临

床 침대(상) chuáng	1. 침대 2. 자리 3. 물건을 놓는 대 4. 우물의 난간
	一张床 yì zhāng chuáng 침대 한 대 　　　　牙床 yáchuáng 잇몸
	床

药 약물(약) yào	⇐ 藥 1. 약물 2. 화학약품 3. 약으로 치료하다 4. 독살하다
	服药 fúyào 복약 　　　　　　　　药房 yàofáng 약국
	药

⇨ 藥(약물 약)자는 본래 ++(풀 초)에 樂(즐거울 락)이 결합한 글자로서, 풀(약초)을 먹고 즐겁지 못한 상태에서 즐거운 상태(樂)로 되돌아간다는 뜻이다. 중국어에서는 樂(음악 악 yuè)과 约(약속할 약 yuē)의 발음이 비슷하여 간단한 约를 채택하여 藥을 药로 바꾸었다.

心	1. 심장 2. 마음 3. 감정 4. 의지	
	心脏 xīnzàng 심장	关心 guānxīn 관심을 갖다
마음(심) xīn	心								

华	⇐ 華 1. 광채 2. 무리 3. 빛나다 4. 번화하다	
	心, 其华在面 xīn qíhuá zàimiàn 심은 그 영화가 얼굴에 있다. 繁华 fánhuá 번화하다	
빛(화) huá	华								

⇨ 華(빛날 화)자는 본래 ⺿(풀 초)와 버드나무 가지가 아름답게 늘어진 모양의 글자가 결합된 글자로, 아름답게 꽃이 핀 가지나 풀의 뜻에서 '화려함'의 뜻이 되었다. 중국어에서는 ⺿(풀 초)아래의 복잡한 글자를 단순화하여 발음이 비슷한 化(huà)를 채택해 华 로 바꾸었다.

解	1. 나누다 2. 열다 3. 없애다 4. 해석하다
	了解 liǎojiě 알다, 이해하다　　　　　詳解 xiángjiě 자세한 해석, 상세하게 해석하다
풀(해) jiě	解

➡ 解자는 角(뿔 각)과 刀(칼 도), 牛(소 우)를 결합한 글자이다. 즉 칼로 소의 뿔을 해체하는 모습을 표현한 것이다. 이것에서 '풀다', '해체하다', '깨닫다'의 의미로 사용된다.

剖	1. 쪼개다 2. 절개하다 3. 분석하다 4. 분별하다
	解剖 jiěpōu 해부
가를(부) pōu	剖

器	1. 기구 2. 기관 3. 중시하다
	器官 qìguān 기관　　　　　呼吸器 hūxīqì 호흡기
그릇(기) qì	器

官	1. 관리 2. 관청의
	五官 wǔguān 오관　　　　　官桂 guānguì 관계
벼슬(관) guān	官

空	1. 텅비다 2. 내용이 없다
	空气 kōngqì 공기　　　　　时空 shíkōng 시간과 공간
빌(공) kōng	空

腔	1. 몸속의 빈 공간							
	胸腔 xiōngqiāng 흉강			腹腔 fùqiāng 복강				
빈 속(강) qiāng	腔							

㳽	1. 물이 넓다 2. 세차게 흐르다 3. 물이 깊다							
	㳽漫 mímàn 미만 (→ 표준어 弥漫 가득차다)							
물 넓을(미) mí	㳽							

⇨ 瀰(미)의 속자

散	sǎn 1. 느슨해지다 2. 멋대로 하는 모양 sàn 1. 분산하다 2. 배제하다							
	发散 fāsàn 발산			银翘散 yínqiáosǎn 은교산				
흩어질(산) sǎn / sàn	散							

泻	⇦ 瀉 1. 매우 빠르게 흐르다. 2. 내리붓다 3. 설사하다 4. 쏟아지다							
	泄泻 xièxiè 설사			泻法 xièfǎ 사법(인체의 사기를 빼내는 방법)				
쏟을(사) xiè	泻							

⇨ 瀉자는 뜻을 나타내는 氵(물 수)변과 음을 나타내는 寫(베낄 사)자가 결합된 글자이다. 우측의 寫를 간략화해서 写로 바꾸었다.

贮	1. 모아두다 2. 저축하다 3. 저장하다							
	贮藏 zhùcáng 저장			贮存 zhùcún 저축해 두다, 저장하다				
쌓을(저) zhù	贮							

⇨ 貯자는 貝(조개 패)자와 宁(쌓을 저)자가 결합된 글자이다. 간체자에서는 宁자부분을 간략화 㝉(오래 서있을 저 zhù)로 바꾸었다.

是	1. 맞다 2. 옳다고 여기다 3. 예
	我是医生 wǒ shì yīshēng 나는 의사이다　　是否 shìfǒu ~인지 아닌지
옳을(시) shì	是

自	1. 자기 2. 몸소 3. 자연히
	自然 zìrán 자연, 저절로, 물론　　自汗 zìhàn 자한(식은 땀)
스스로(자) zì	自

然	1. 그러나 2. 옳다 3. 그러하다
	虽然 suīrán 비록 ~ 일지라도　　然后 ránhòu 연후에, 그러한 후에
그러할(연) rán	然

微	1. 작다 2. 쇠퇴하다 3. 미약하다 4. 마이크로(micro) 100만분의 1
	微弱 wēiruò 미약하다　　微脉 wēimài 미맥(미약한 맥)
작을(미) wēi	微

宇	1. 집 2. 모든 공간 3. 기량
	宇宙 yǔzhòu 우주　　气宇 qìyǔ 기우. 기개와 도량
집(우) yǔ	宇

宙 집(주) zhòu	1. 집 2. 시간
	宇宙 yǔzhòu 우주
	宙

认 알(인) rèn	1. 분간하다 2. 간주하다 3. 남과 새로운 관계를 맺다 4. 중시하다
	认识 rènshi 알다　　　　　认为 rènwéi 여기다, 생각하다, 생각, 이해
	认

最 가장(최) zuì	1. 가장 2. 최고의
	最近 zuìjìn 최근　　　　　最重要 zuì zhòngyào 가장 중요한
	最

念 생각할(념) niàn	1. 생각하다 2. 생각 3. 읽다 4. 공부하다
	概念 gàiniàn 개념　　　　　念书 niànshū 공부하다
	念

被 이불(피) bèi	1. 받다(당하다) 2. 이불 3. 덮다 4. 입다
	被偷了 bèi tōu le 도둑맞다
	被

血	피	
	血虚 xuèxū 혈허	瘀血 yūxuè 어혈
피(혈) xuè	血	

营	1. 경영하다 2. 꾀하다 3. 병영	
	营养 yíngyǎng 영양	营气 yíngqì 영기(맥 안으로 돌아다니는 기운)
경영할(영) yíng	营	

津	1. 침 2. 땀 3. 나루	
	津液 jīnyè 진액 生津 shēngjīn 생진 (보통 구어체에서는 땀이 나다. 한의학에서는 진액을 생기게 하다)	
나루(진) jīn	津	

液	1. 액체 2.액	
	水液 shuǐyè 인체의 수분	血液 xuèyè 혈액
즙(액) yè	液	

脾	지라	
	脾胃 píwèi 비위, 비장과 위, 음식의 맛이나 사물에 대해 좋거나 싫어함을 분간하는 기분 脾土 pítǔ 비토	
지라(비) pí	脾	

胃 밥통(위) wèi	위장
	胃脘 wèiwǎn 위완(명치아래 부위)　　胃经 wèijīng 위경(위에 연결된 경락)
	胃

泌 샘물 졸졸 흐를(비) bì	1. 샘물이 솟아나는 모양
	泌尿 mìniào 소변을 배설하다　　泌別 mìbié 분비하고 분별하다
	泌

肺 허파(폐) fèi	1. 허파 2. 마음속
	肺病 fèibìng 폐병
	肺

肺俞 fèiyú 폐수(혈) 본래 俞(점점 유 yú)자는 '유'라고 발음하여 일본과 중국에서는 '폐유'라고 하며, 우리나라에서는 俞를 輸(나를 수)의 의미로 보기 때문에 씌어 있기는 '폐유'로 되어 있으나 '폐수'로 읽는다.

赖 힘입을(뢰) lài	1. 의지하다 2. 생떼를 쓰다
	赖于 làiyú ~에 의지하다　　依赖 yīlài 의지하다, 기대다, 의존하다
	赖

脉 맥(맥) mài	1. 혈관 2. 맥박
	经脉 jīngmài 경맥　　络脉 luòmài 락맥
	脉

164

清	1. 깨끗하다 2. 조용하다 3. 똑똑하다
	清浊 qīngzhuó 청탁　　　　　　　　　清稀 qīngxī 청희 (묽거나 멀겋다)
맑을(청) qīng	清

稀	1. 드물다 2. 성기다 3. 묽다
	稀少 xīshǎo 희소
드물(희) xī	稀

运	⇐ 運
	脾主运化 pí zhǔ yùnhuà 비는 운화를 담당한다 运用 yùnyòng 운용, 활용, 응용
돌(운) yùn	运

⇨ 運자는 軍(군사 군)에 쉬엄쉬엄 갈 착(辶)을 합친 글자로, 군인들이 전차를 몰고간다는 뜻에서 '운전하다', '움직이다', '나르다'의 뜻이 되었다. 간체자에서는 yùn의 발음과 비슷한 云(yún)으로 바꾸어서 만들었다.

皮	1. 피부 2. 가죽 3. 표면
	皮毛 pímáo 피모 (구어에서는 모피를 말하는데, 한의학에서는 피부(skin)와 털(hair)을 같이 부르는 말로 사용된다) 皮肉筋骨 píròu jīngǔ 피육근골
가죽(피) pí	皮

肤	⇦ 膚 1. 피부
	皮肤 pífū 피부
살갗(부) fū	肤

⇨ 膚자는 둥글 로(盧)의 아래 부분에 그릇 명(皿) 대신 몸 육(月)을 넣은 것으로 밥그릇으로 밥을 보호하듯 몸을 감싸고 있는 것이 '살갗'이라는 뜻이다.

肌	1. 근육 2. 살(갗)
	肌肉 jīròu 근육
살가죽(기) jī	肌

肉	1. 고기 2. 과육
	羊肉 yángròu 양고기
고기(육) ròu	肉

窍	⇦ 竅 1. 구멍 2. 일의 가장 중요한 부분
	七窍 qīqiào 눈코귀입의 일곱구멍 九窍 jiǔqiào 눈, 코, 귀, 입, 항문, 요도 등의 인체에 있는 아홉 개의 구멍
구멍(규) qiào	窍

⇨ 竅자의 본래 음은 '교'. 뜻을 나타내는 구멍 혈(穴)과 음을 나타내는 글자 교 敫(노래할 교)가 합쳐져 이루어진 글자이다.

髓	1. 골수 2. 정수
	脑髓 nǎosuǐ 뇌수　　　　　　　骨髓 gǔsuǐ 골수
골수(수) suǐ	髓

166

涎	1. 침(타액)
	涎沫 xiánmò 침, 군침 (한의학에서는 침과 거품 침을 말한다)
침(연) xián	涎							

经 날(경) jīng	⇦ 經 1. 날실 2. 경맥 3. 경도 4. 경영하다
	经常 jīngcháng 늘, 보통이다, 일상 经络 jīngluò 경락
	经

络 그물(락) luò	⇦ 絡 1. 그물 2. 인체에서 기혈이 운행하는 그물모양의 통로 3. 덮다
	络脉 luòmài 락맥　　　　　　　　孙络 sūnluò 손락
	络

龈 잇몸(은) yín	⇦ 齦 1. 잇몸
	齿龈 chǐyín 치은, 잇몸　　　　　龈交 yínjiāo 은교(혈) 독맥에 속하는 혈
	龈

身 몸(신) shēn	1. 몸 2. 생명 3. 자기
	身体 shēntǐ 신체　　　　　　　心身 shēnxīn 심신. 정신과 신체. 몸과 마음
	身

肢 팔다리(지) zhī	1. 사지 2. 팔다리 3. 손발
	肢体 zhītǐ = 四肢 (팔, 다리)　　　四肢 sìzhī 사지
	肢

节	⇦ 節 1. 조절하다 2. 절약하다 3. 마디 4. 일부분을 삭제하다
	季节 jìjié 계절　治节 zhìjié 치절 (폐가 치절을 담당한다) 치절은 治理, 節制의 의미이다.
마디(절) jié	

⇨ 節자는 대 죽(竹) 아래에 나아갈 즉(卽)을 받친 자로, 대나무가 자라감에 따라 '마디'가 생긴다는 뜻이다. 마디가 일정하게 생기는데서 '절개'라는 뜻도 있다. 간체자로 만들면서 竹자는 ++로 바꾸고, 卽에서 좌측 변을 빼고 병부 절(卩)만 남겨서 만들었다.

循	1. 따르다 2. 돌다 3. 질서정연하다
	循经 xúnjīng 순경(경락의 순환순서를 따라서 운행함) 循环 xúnhuán 순환
좇을(순) xún	

沟	⇦ 溝 1. 도랑 2. 오목하게 길게 패인 곳
	沟通 gōutōng 통하다, 교류하다, 소통하다
도랑(구) gōu	

⇨ 溝자는 뜻을 나타내는 氵변과 음을 나타내면서 뜻을 나타내는 冓(어긋나게 쌓을 구)자를 결합해서 만든 글자이다. 간체자에서는 冓(gòu) 대신 勾(윤곽을 그릴 구, gōu) 가 발음이 비슷하고 간략해서 이를 이용해 만들었다.

通	1. 통하다 2. 관통하다 3. 상통하다 4. 잇다
	通过 tōngguò 통과하다. ~을 통하여　交通 jiāotōng 교통, 왕래하다, (길이 사방으로) 통하다
통할(통) tōng	

浮	1. 뜨다 2. 헤엄치다 3. 표면의 4. 유동적인
	浮沉 fúchén 부침[떠 오르고 가라앉음] (맥의 부침, 혹은 약물작용의 부침) 浮脉 fúmài 부맥
뜰(부) fú	

证	⇦ 證 1. 증명하다 2. 증거 3. 병의 증상
	辨证 biànzhèng (병의) 증후를 판별하다 病证 bìngzhèng 병증. 개별 증상(症狀)이 비슷한 부류로 모인 증(證)
증명할(증) zhèng	证

⇨ 證자는 말씀 언(言)변에 오를 등(登)이 결합한 자로, 여러 사람이 잘 보이는 단 위에 올라가 사실대로 말한다는 뜻에서, '증거', '증명하다'의 뜻으로 쓰인다.

匮	1. 모자라다 2. 결핍하다 3. 탕진하다
	金匮 jīnkuì 금궤 《金匮要略》 Jīnkuì yàolüè 금궤요략(후한의 장중경이 지었다는 잡병에 관한 책)
다할(궤) kuì	匮

疢	1. 열병 2. 기호벽
	疢疾 chènjí 질병(열성 질병)
열병(진) chèn	疢

难	⇦ 難 1. 어렵다 2. 곤란하게 하다 3. 좋지 않다
	难经 nánjīng 전국시대 진월인(편작)이 지었다고 하는 책 难过 nánguò 고생스럽다. 지내기 어렵다. 괴롭다 灾难 zāinán 재난
어려울(난) nán / nàn	难

⇨ 難자는 진흙 근(菫)에 새 추(隹)가 결합한 글자로, 새가 진흙에 발이 빠져 걷기가 어렵다는 데서 '어렵다', '근심하다'의 뜻이 되었다.

淫 지나칠(음) yín	1. 지나치다 2. 과하다 3. 방종하다 六淫 liùyín 육음(질병의 원인이 되는 風, 寒, 暑, 濕, 燥, 火) 淫气于筋 yínqì yú jīn 근육에 기가 충만되다.《素问·经脉别论》

淫 (연습칸)

邪 간사할(사) xié	1. 바르지 못하다 2. 이상하다 3. 질병을 일으키는 환경적 기운 风邪 fēngxié 풍사 邪气 xiéqì 사기

邪 (연습칸)

劳 수고할(로) láo	⇦ 勞 1. 수고를 끼치다 2. 일 3. 피로 4. 공로 劳逸 láoyì 노동과 휴식(안일) 过劳 guòláo 과로. 과로하다

劳 (연습칸)

⇨ 勞자는 밝을 형(熒)에서 아래 불 화(火)자를 힘 력(力)으로 바꾼 것이다. 밤에 불을 켜 놓고 일을 한다는 데서 '힘써 일하다', '피로'의 뜻이 되었다. 간체자는 윗부분이 두 개의 불 화 火火를 간략화해서 풀 초(艹)로 바꾸어 만들었다.

倦 싫증날(권) juàn	1. 피곤하다 2. 고단하다 3. 싫증나다 疲倦 píjuàn 피곤. 피곤하다 劳倦 láojuàn 피로(피곤)해지다

倦 (연습칸)

兽 짐승(수) shòu	⇦ 獸 1. 짐승 2. 짐승처럼 생긴 물건 3. 야만적이다 虫兽伤 chóngshòu shāng 벌레나 짐승에서 물려서 생긴 손상

兽 (연습칸)

⇨ 獸자는 산 짐승 휴(嘼)에 개 견(犬)을 합친 글자로, 산에 사는 짐승이나 집에서 기르는 짐승이나 모두 '짐승'에 속한다는 뜻이다. 간체자에서는 개 견(犬)부분을 빼고 좌변에 있는 휴(嘼)만 이용하였고, 위에 있는 두 개의 입 구(口口)는 점과 삐침(丶丿)으로 처리하여 만들었다.

伤	⇐ 傷 1. 상처 2. 상하다 3. 남의 감정을 상하게 하다 4. 슬퍼하다								
	内伤 nèishāng 내상　　　　　　　 伤寒 shānghán 상한								
다칠(상) shāng	伤								

⇨ 傷자는 사람 인(亻)에 상처 입을 상(昜)이 합쳐진 글자로, 사람이 상처를 입었다는 데서 '상하다', '상처'의 뜻이 되었다. 간체자에서는 우측방 昜를 간략화 해서 힘 력(力)으로 대체하였다.

172

痰	1. 가래 2. 담
	痰饮 tányǐn 담음 痰厥 tánjué 담궐
가래(담) tán	痰

与	⇦ 與 1. 주다 2. 사귀다 3. 다루다 4. ~와 함께
	阴与阳 yīn yǔ yáng 음과 양 男与女 nán yǔ nǚ 남과 여
더불(여) yǔ	与

⇨ 與자는 마주들 여(舁) 안쪽에 줄 여(与)를 결합하여 만들어진 한자로, 맞들어 준다는 데서 '주다'의 뜻이 되었다. 두 사람이 맞든다하여 '더불어'의 뜻도 되었다. 간체자에서는 안쪽에 있는 与자만 취하여 간략화 하였다.

饮	⇦ 飲 1. 마시다 2. 술을 마시다 3. 마실 것 4. 차게 복용하는 탕약
	饮食 yǐnshí 음식. 음식을 먹고 마시다 五皮饮 wǔpíyǐn 오피음(부종에 사용하는 처방)
마실(음) yǐn	饮

变	⇦ 變 변하다
	变化 biànhuà 변화
변할(변) biàn	变

⇨ 變자는 말씀 언(言)에 실 사(糸) 2개와 뒤져올 치(攵)가 결합된 글자이다. 말의 줄(실)이 오고가고 하는데, 가는데에서 화제(話題)가 바뀐다는 데서 '변하다'의 뜻이 되었다. 간체자를 만들면서 윗부분을 또 역(亦)으로 바꾸어 간략화 하였고, 아랫부분 치(攵)를 그냥 우(又)자로 바꾸어 간략화 하였다.

溢	1. 넘치다 2. 지나치다
	游溢精氣 yóuyì jīngqì 정기가 흘러 넘치다
찰(일) yì	溢

肠	⇦ 腸 1. 배알 2. 마음 3. 순대류의 음식물							
	小肠 xiǎocháng 소장　　　　　　　　大肠 dàcháng 대장							
창자(장) cháng	肠							

⇨ 腸자를 간체자로 만들면서 우방의 昜를 㐅로 바꾸었다.

胁	⇦ 脇 1. 옆구리 2. 협박하다 3. 움츠리다							
	胸胁 xiōngxié 가슴과 옆구리　　　　　胁痛 xiétòng 옆구리 통증							
겨드랑이(협) xié	胁							

⇨ 협(脅) 혹은 협(脇)자로 쓰는데, 몸 육(月)이 아래에 있기도 하고, 좌변에 있기도 하나 같은 글자이다. 힘쓸 협(劦)에 육(月)이 결합된 것으로 신체중에서 힘이 모여 있는 곳이 '갈빗대', '옆구리'이며, 힘이 있으면 상대방을 '협박한다'는 뜻을 가지게 되었다. 간체자로 만들면서 劦를 간략하게 办으로 바꾸었다.

虚	⇦ 虛 1. 공허하다 2.비우다 3.헛되이							
	虚实 xūshí 허실　　　　　　　　　　虚证 xūzhèng 허증							
빌(허) xū	虚							

⇨ 虛자의 아랫부분인 业이 간체자를 만들면서 간략화되어 바뀌었다.

弱	1. 약하다 2. 나이가 어리다							
	虚弱 xūruò 허약　　　　弱脉 ruòmài 약맥							
약할(약) ruò	弱							

稠	1. 걸쭉하다 2. 조밀하다							
	粘稠 niánchóu 걸쭉하다							
빽빽할(조) chóu	稠							

174

瘀	어혈질
	瘀血 yūxuè 어혈　　　　　　　　瘀滞 yūzhì 어체. 막혀 통하지 않다
어혈질(어) yū	瘀

停	1. 멈추다 2. 머물다 3. 서다
	停滞 tíngzhì 정체되다
멈출(정) tíng	停

滞	⇦ 滯
	凝滞 níngzhì 응체 (막혀서 통하지 않다)　　　阻滞 zǔzhì 조체 (가로막히다)
막힐(체) zhì	滞

⇨ 滯자는 물 수(氵)에 띠 대(帶)를 결합해 만든 글자로, 물의 흐름에 띠 모양으로 둑을 쌓아 막아 놓으니 흐르지 못한다 하여 '막히다', '머물다'의 뜻이 되었다. 이 글자를 간체자 만들기 위해 帶자를 带로 간략화 하였다.

离	⇦ 離 1. 분리하다 2. ~에서 3. 결핍하다 4. 떨어지다
	离开 líkāi 떠나다, 벗어나다 离经 líjīng 한의학에서는 경락을 벗어나다의 뜻으로 쓰인다. 일반적으로는 상도常道를 벗어나다로 쓰인다.
떠날(리) lí	离

⇨ 離자는 떠날 리(离)와 새 추(隹)를 합친 글자로, 산신(山神=离)과 새(隹)가 만났다가 다시 헤어진다는 데서 '이별'의 뜻이 생겼다. 간체자를 만들면서 우측방의 隹자를 빼고 좌변만 남겨 놓았다.

凝	1. 엉기다 2. 정신을 모으다
	凝滞 níngzhì 응체 (막혀서 통하지 않다)　　　凝聚 níngjù 응취 (응집하다)
엉길(응) níng	凝

急	1. 초조해 하다 2. 조급하게 하다 3. 급하다					
	急症 jízhèng 급증. 급병(급한 질병)		急性 jíxìng 급성			
급할(급) jí	急					

隧	1. 굴 2. 터널 3. 지하도					
	经隧 jīngsuì 경수. 경맥을 대신 부르는 말로, 기혈이 흘러다니는 통로.					
굴(수) suì	隧					

消	1. 사라지다 2. 제거하다 3. 소일하다					
	消化 xiāohuà 소화(하다)		消耗 xiāohào 소모(하다)			
사라질(소) xiāo	消					

体	⇦ 體 1. 몸 2. 물체 3. 자체 4. 체제					
	身体 shēntǐ 신체		具体 jùtǐ 구체적이다			
몸(체) tǐ	体					

⇨ 體자는 뼈 골(骨)에 풍성할 풍(豊)을 합친 글자로, 몸은 뼈와 풍성한 살로 이루어졌다는 뜻이다. 간체자에서는 간략화해서 体로 사용하는데 우리나라나 일본에서도 흔히 속자로 사용된다.

有	1. 가지고 있다. 2. 생기다					
	有名 yǒumíng 유명하다		没有 méiyǒu 가지고 있지 않다			
있을(유) yǒu	有					

发 쏠(발) fā / fà	⇐ 發 fā 1. 발송하다 2. 발사하다 3. 발생하다 髮 fà 발, 머리카락 发展 fāzhǎn 발전　　　发生 fāshēng 발생 毛发 máofà 모발(몸에 난 털을 통틀어 말하거나, 머리털을 말함) 发
⇨ 發의 초서체를 해서화 하여 发로 간체자를 만들었으며, 머리카락 髮fà의 경우 발음이 비슷한 글자 發의 간체자 发로 간체자화 하였다.	
展 펼(전) zhǎn	1. 펴다 2. 발휘하다 3. 연기하다 4. 전람 展开 zhǎnkāi 펴다, 전개하다 展
盛 성할(성) shèng	1. 흥성하다 2. 세차다 3. 성대하다 盛衰 shèngshuāi 성쇠(융성과 쇠퇴) 盛
衰 쇠할(쇠) shuāi	1. 쇠하다 衰弱 shuāiruò 쇠약　　　　　衰竭 shuāijié 쇠갈(기력이 쇠약해지다) 衰
失 잃을(실) shī	1. 잃다 2. 실수하다 失调 shītiáo 실조(평형을 잃다, 잘 조리하지 못하다)　　失眠 shīmián 불면 失

调	⇠ 調 1. 고르다 2. 고루 섞다 3. 조정하다	
	调养 tiáoyǎng 조양하다(몸조리하다)	调节 tiáojié 조절(하다)
고를(조) tiáo	调	

⇨ 調자를 간체자를 만들면서 좌변의 言을 讠으로 바꾸었다.

代	1. 대리하다 2. 교체하다 3. 대리 4.시대	
	代谢 dàixiè 대사(신진대사)	代表 dàibiǎo 대표
대신할(대) dài	代	

谢	1. 감사 2. 사과하다 3. 거절하다 4. 지다	
	代谢 dàixiè 대사(신진대사)	
사례할(사) xiè	谢	

紊	1. 어지럽다 2. 혼란하다 3. 문란하다	
	紊乱 wěnluàn 문란하다	
어지러울(문) wěn	紊	

乱	⇠ 亂 1. 어지럽히다 2. 무질서하다 3. 어지럽다 4. 함부로	
	气乱 qìluàn 기란(기가 문란해져 정상적 활동을 벗어남)	
어지러울(란) luàn	乱	

⇨ 乱은 亂의 이체자로 필획이 적은 乱을 간체자로 사용했다.

整	1. 완전하다 2. 가지런하다 3. 정리하다	
	整体 zhěngtǐ 전체, 총체	调整 tiáozhěng 조정
가지런할(정) zhěng	整	

断	⇐ 斷 1. 자르다 2. 단절하다 3. 판단하다	
	诊断 zhěnduàn 진단	断层摄影 duàncéng shèyǐng 단층촬영
끊을(단) duàn	断	

⇨ 斷자는 이을 계(𢇍)와 도끼 근(斤)이 합쳐진 글자이다. 도끼로 실타래가 서로 이어진 것을 자르는 모습을 표현하였다. 간체자를 만들면서 좌변을 쌀 미(米)자로 대체하였으나 별 의미는 없다.

概	1. 대체 2. 일체	
	概念 gàiniàn 개념	概括 gàikuò 개괄하다
대개(개) gài	概	

括	1. 묶다 2. 포괄하다 3. 괄호를 치다	
	包括 bāokuò 포괄하다	概括 gàikuò 개괄하다
묶을(괄) kuò	括	

暑	1. 덥다 2.더위 3. 육음(六淫) 때문에 생기는 병의 일종	
	中暑 zhòngshǔ 중서 (더위로 인해 두통, 현기증 따위가 일어나고 심하면 까무러치는 병)	
더울(서) shǔ	暑	

腠	살결
	腠理 còulǐ 살결. 피부
살결(주) còu	腠

理	1. 결 2. 도리 3. 자연과학 4. 관리하다
	调理 tiáolǐ 조리하다. 돌보다 理法方药 lǐfǎ fāngyào 이법방약(이는 한의학이론, 법은 진단법·치료법, 방은 방제, 약은 약물을 가리킨다)
이치(리) lǐ	理

留	1. 머무르다 2. 유학하다 3. 주의하다
	留痹 liúbì 유비. 비증의 하나로 정체되어 나타나는 경우. 留饮 liúyǐn 유음. 주로 水氣가 가슴과 횡경막 사이에 머물러 흩어지지 않는 경우.
머물(류) liú	留

聚	1. 모이다 2. 촌락
	积聚 jījù 적취　　　　　　　　凝聚 níngjù 응취. 응집하다. 맺히다
모일(취) jù	聚

湿	⇦ 濕
	湿热 shīrè 습열　　　　　　　　寒湿 hánshī 한습
축축할(습) shī	湿

⇨ 濕자는 물 수(氵)에 드러날 현(㬎)자의 결합으로 만들어진 글자이다. 㬎자의 아랫부분을 간략화해서 간체자를 만들었다.

180

必	1. 반드시 2. 반드시 ~해야 한다. 3. 보증하다
	必须 bìxū 반드시 ~해야 한다 　　　必要 bìyào 필요(로 하다)
반드시(필) bì	

影	1. 그림자 2. 사진 3. 사람이나 사물의 형상
	影响 yǐngxiǎng 영향
그림자(영) yǐng	

响	⇦ 響 1. 울림 2. 소리를 내다
	影响 yǐngxiǎng 영향
울림(향) xiǎng	

⇨ 響자는 시골 향(鄕)에 소리 음(音)을 합쳐서 만든 글자로, '산울림소리'를 뜻한 글자였다. 간체자에서는 音을 口로 대체(의미상 연관)하고, 소리에 해당하는 鄕(xiāng)을 向(xiàng)으로 대체(발음이 비슷함)하였다. 또한 상하구조를 좌우구조로 바꾸어 간략화 하였다.

升	1. 오르다 2. 올리다 3. 리터 4. 승
	升降 shēngjiàng 승강(오르고 내림)　　升清 shēngqīng 승청. 脾氣가 清气를 위로 올리는 작용
오를(승) shēng	

腾	1. 오르다 2. 질주하다 3. 비우다
	升腾 shēngténg 올라가다. 솟아오르다
오를(등) téng	

或	1. 혹시 2. 혹은 3. 어떤 사람 4. 조금							
	或者 huòzhě 아마, 어쩌면, 혹시							
혹(혹) huò	或							

潜	1. 자맥질하다 2. 숨다 3. 비밀히							
	潜在 qiánzài 잠재하다							
자맥질할(잠) qián	潜							

尿	소변(을 보다)							
	尿黄 niào huáng 소변색이 노랗다　尿疼 niào téng 소변을 볼 때 아프다							
오줌(뇨) niào	尿							

汗	땀							
	无汗 wú hàn 무한(땀이 나지 않음)　有汗 yǒu hàn 유한(땀이 남)							
땀(한) hàn	汗							

增	1. 늘다 2. 증가하다							
	增加 zēngjiā 증가하다							
불을(증) zēng	增							

胸	1. 가슴 2. 마음 3. 의지	
	胸腔 xiōngqiāng 흉강	胸胁 xiōngxié 흉협
가슴(흉) xiōng	胸	

降	1. 떨어지다 2. 내리게 하다 3. 낮다	
	沉降 chénjiàng 침강하다	下降 xiàjiàng 하강하다
내릴(강) jiàng	降	

筋	1. 근육 2. 힘줄	
	筋肉 jīnròu 근육	肝主筋 gān zhǔ jīn 간주근(간은 근을 담당하다)
힘줄(근) jīn	筋	

骨	1. 뼈 2. 뼈대	
	骨髓 gǔsuǐ 골수	肾主骨 shèn zhǔ gǔ 신주골(신은 뼈를 담당한다)
뼈(골) gǔ	骨	

咳	1. 기침하다 2. 노하다	
	咳嗽 késòu 해수	咳喘 kéchuǎn 해천(기침하면서 헐떡거리다)
기침(해) ké	咳	

喘	1. 헐떡거리다 2. 숨을 돌리다 3. 숨 4. 천식
	喘息 chuǎnxī 천식
숨찰(천) chuǎn	

悸	두근거리다
	惊悸 jīngjì 경계(놀라서 가슴이 두근거리다)　　　心悸 xīnjì 심계, 심계항진
두근거릴(계) jì	

眠	1. 잠 2. 휴면 3. 동면
	睡眠 shuìmián 수면, 잠 失眠 shīmián 불면(잠을 이루지 못하다)
잘(면) mián	

昏	1. 황혼 2. 어둡다 3. 머리가 둔하다 4. 어질어질하다
	神昏 shénhūn 신혼(정신이 맑지 않다) 目昏 mùhūn 목훈(눈앞이 컴컴하고 사물을 보는게 선명하지 않다)
날 저물(혼) hūn	

癫	1. 정신착란 2. 간질
	癫痫 diānxián 전간. 간질　　　癫狂 diānkuáng 전광(전증과 광증을 합쳐 부르는 말)
미칠(전) diān	

184

狂	1. 미치다 2. 격렬하다 3. 기분 내키는대로 4. 분별이 없다						
	狂症 kuángzhèng 광증			狂言 kuángyán 광언(터무니없는 말)			
미칠(광) kuáng	狂						

脘	1. 위 안 2. 위 속 3. 위강						
	中脘 zhōngwǎn 중완(혈). 임맥에 속하는 경혈			胃脘 wèiwǎn 위 속. 명치아래 부분.			
밥통(완) wǎn	脘						

呕	⇦ 嘔 토하다						
	呕吐 ǒutù 구토(하다)		呕恶 ǒu'è 구오(소화불량, 식욕부진 아울러 울렁거리고 토하는 증상)				
게울(구) ǒu	呕						

⇨ 嘔자는 뜻을 나타내는 입 구(口)와 음을 나타내는 구역 구(區)가 합하여 만들어진 글자이다. 간체자는 감출 혜(匚)안에 品을 간략화해서 乂로 표시하였다.

吐	1. 토하다 2. 내놓다						
	吐出 tùchū 토출			呕吐 ǒutù 구토(하다)			
토할(토) tù	吐						

恶	⇦ 惡 ě 1. 오심 2. 구역질 è 1. 악행 2. 흉악하다 3. 악하다 4. 추하다 wù 1. 싫어하다						
	恶心 ěxin 오심. 울렁거림.			恶寒 wù hán 오한. 으슬으슬 춥다.			
모질(악) ě / wù	恶						

⇨ 惡자는 둘째 아(亞-등이 굽은 곱추의 모양)에 마음 심(心)이 결합된 글자로, 등이 굽은 곱사등이처럼 마음이 일그러져 있어 '증오하다', '나쁘다'의 뜻이 되었다. 한자에서는 악하다, 나쁘다, 추하다 등의 의미일 때는 '악'으로 읽고, 미워하다, 헐뜯다, 부끄러워하다 등의 의미일 때는 '오'로 읽는다. 간체자에서는 亞를 간략하게 표현하였다.

眩	1. 눈이 흐릿하다 2. 미혹되다 3. 현혹되다 4. 흘리다
	眩晕 xuànyùn 현기증(이 나다)　　　目眩 mùxuàn 눈앞이 아찔하다. 눈앞이 캄캄해지다
아찔할(현) xuàn	眩

晕	yūn 1. (머리가) 어지럽다 2. (눈이) 아찔아찔하다 3. 기절하다 yùn (배·차 따위에) 멀미하다
	晕针 yùnzhēn 훈침. 침을 맞고 있는 동안 잠시 어지럽거나 실신하는 현상 晕倒 yūndǎo 기절하다. 까무러치다
현기증날(훈) yùn, yūn	晕

疟	⇦ 瘧 1. 학질 2. 말라리아
	疟疾 nüèji 학질　　　　　　　　劳疟 láonüè 노학 (만성의 말라리아)
학질(학) nüè	疟

⇨ 瘧자는 뜻을 나타내는 병질 엄(疒)에 음을 나타내는 글자 사나울 학(虐)을 합하여 만들어진 글자이다. 간체자에서는 虐자의 아래 부분만 취해서 간략화 하였다.

咽	yān 생리 인두 yàn 1. (목구멍으로) 넘기다 2. 삼키다 3. (말을) 거두다
	咽喉 yānhóu 인후, 인두와 후두　　　吞咽 tūnyàn 삼키다
삼킬(연) yān, yàn	咽

喉	1. 인후 2. 목구멍
	喉咙 hóulóng 목구멍, 인후
목구멍(후) hóu	喉

吞	1. 삼키다 2. 꾹 참다 3. 점유하다
	吞酸 tūnsuān 탄산. 위 속의 신물이 넘치는 증상.
삼킬(탄) tūn	吞

瘰	연주창
	瘰疬 luǒlì 나력. 연주창. 앞 목의 임파선 결핵 혹은 갑상선종.
연주창(라) luǒ	瘰

疬	⇐ 癧
	瘰疬 luǒlì 나력. 연주창. 앞 목의 임파선 결핵 혹은 갑상선종.
연주창(력) lì	疬

⇨ 癧(연주창 력)자는 뜻을 나타내는 병질 엄(疒)에 음을 나타내는 지날 녁(歷)을 결합해서 만든 글자이다. 간체자에서는 지날 녁(歷)을 历으로 쓰기에 병질 엄 아래에 历를 결합해서 만들었다.

唾	1. 침 2. 침 뱉다 3. 내뱉다
	咳唾 kàituò 기침을 하고 침을 뱉다
침(타) tuò	唾

참고문헌

김성동·조경희, 한의학중국어강독, 서울: 도서출판 케이시, 1999.

张伯讷 等, 中医学问答题库, 中医基础理论分册, 北京: 中医古籍出版社, 1988.

罗根海, 薄彤, 实用中医汉语精读(基础篇), 北京: 外语教学与研究出版社, 2010.

崔永华, 傅延龄, 中医汉语综合教程, 北京: 北京语言大学出版社, 2013.

王氷, 黄帝内经, 北京: 中医古籍出版社, 1994.

南京中医学院, 诸病源侯论校释, 北京: 人民卫生出版社, 1982.

唐宗海, 血症论, 北京: 人民卫生出版社, 2005.

张光霁, 张庆祥, 中医基础理论, 北京: 人民卫生出版社, 2021.

대한한의학회, 표준한의학용어집

趙漢枸, 祕書漢字辭典, 서울: 誠心圖書, 1996.

민관동·문병순, 대학생을 위한 한자와 한자어휘, 학고방, 경기: 학고방, 2016.

원종민, (기초를 다져주는) 중국어 독해, 서울: 차이나하우스, 2008.

최재영·정연실·조연정, (문형으로 배우는) 중국어 독해(기본편), 서울: 한국외국어대학교
　　　출판부. 2012.

王颖·王志军·徐丽沙, 김영민·전기정·박원기 역, 포커스 중국어 독해(1), 서울: 시사중국어
　　　사, 2019.

고점복·김은주·이신동·홍현정, 중국어간체자 1000, 서울: 동양북스, 2016.

네이버 중국어사전 zh.dict.naver.com

子宫内膜异位症与中医体质相关性研究

＊熊苏力[1] 潘兆兰[1※] 琚文娟[1] 罗茜茜[2] 杨 银[2]

(1.江西中医药大学附属医院妇科，江西 南昌 330006；2.江西中医药大学研究生2020级，江西 南昌 330004)

摘 要

目的　探索子宫内膜异位症 (EM) 患者体质偏颇，为该病的早期防治以及临床辨证提供理论依据。

方法　以2020年 1月—2021年12月于江西省中医院妇科就诊的129例EM患者 (内异组) 和129例健康女性 (正常组) 为研究对象，对其进行体质分析。

结果　内异组中发病率最高的为血瘀质 (30.23%)，阳虚质 (20.16%) 次之。正常组中平和质 (33.33%) 最多，气虚质 (11.63%) 次之。2组人群在平和质、阳虚质、血瘀质体质构成比较，差异有统计学意义 (P＜0.05)；阳虚质 (β=0.812，P＜0.05) 和 血瘀质 (β=1.640，P＜0.05) 与EM患病呈正相关，平和质 (β=-1.897，P＜0.05) 与EM患病呈负相关。

结论　EM患者和健康女性在体质上存在差异，其中阳虚质和血瘀质是EM患病的好发体质，平和质为EM患病的保护体质。

关键词　癥瘕；子宫内膜异位症；中医体质学；血瘀质；阳虚质；辨证论治

doi:10.3969/j.issn.1672-2779.2023.24.019 文章编号：1672-2779 (2023) -24-0059-04

자궁내막증과 중의체질상관성연구

웅소력[1,] 번조란[1※], 거문연[1], 나쇄쇄[2], 양은[2]

(1. 강서중의약대학 부속병원 부인과, 강서 남창 330006; 2. 강서중의약대학 대학원생 2020급. 강서 남창 330004)

초 록

목적   자궁내막증(EM)환자의 체질편차를 탐색해 해당 병의 조기 예방과 치료 및 임상변증의 이론 근거를 제공하기 위함이다.

방법   2020년 1월부터 2021년12월까지 강서성 중의병원 부인과 외래의 129례의 EM환자(내이군)과 129례의 건강여성(정상군)을 연구대상으로 하여 체질분석을 진행하였다.

결과   내이군 중에 발병률이 가장 높은 것은 혈어질(30.23%), 양허질(20.16%)이 다음이었다. 정상군에서는 평화질(33.33%)가 가장 많고 기허질(11.63%)가 다음이었다. 두 군은 평화질, 양허질, 혈어질 체질 구성을 비교했을 때 통계적으로 유의한 차이가 있었다.(P<0.05); 양허질(β=0.812, P<0.05)과 血瘀质(혈어질)(β=1.640, P<0.05)은 자궁내막증에 이환된 경우와 정상관 관계(정의 상관관계)를 보였고, 평화질(β=-1.897, P<0.05)과 자궁내막증에 이환된 경우는 부의 상관관계를 보였다.

결론   자궁내막증 환자와 건강한 여성의 체질상에는 차이가 존재하며, 그 중 양허질, 혈어질은 자궁내막증을 앓는 호발 체질이었으며, 평화질은 자궁내막증을 앓는 것의 보호 체질이었다.

키워드   징가, 자궁내막증, 중의체질학, 혈어질, 양허질, 변증논치

Study on the Correlation between Endometriosis and Traditional Chinese Medicine Constitution

XIONG Suli[1] , PAN Zhaolan[1※], JU Wenjuan[1] , LUO Xixi[2] , YANG Yin[2]

(1. Department of Gynecology, Affiliated Hospital of Jiangxi University of Chinese Medicine, Jiangxi Province, Nanchang 330006, China; 2. Grade 2020 Graduate, Jiangxi University of Chinese Medicine, Jiangxi Province, Nanchang 330004, China)

Abstract

Objective To explore the physical bias of patients with endometriosis (EM) and provide theoretical basis for the early prevention and treatment of the disease and clinical syndrome differentiation.

Methods A total of 129 patients with EM (EM group) and 129 healthy women (normal group) who were treated in Jiangxi Provincial Hospital of Traditional Chinese Medicine from January 2020 to December 2021 were studied. The physique was analyzed.

Results In the EM group, the highest incidence was blood stasis (30.23%), followed by yang deficiency (20.16%). In the normal group, gentleness constitution (33.33%) were the most, followed by qideficiency (11.63%). There was statistical significance in the gentleness constitution, yang deficiency and blood stasis between the two groups ($P<0.05$). Yang deficiency ($\beta=0.812$, $P<0.05$) and blood stasis ($\beta=1.640$, $P<0.05$) were positively correlated with EM, while gentleness constitution ($\beta=-1.897$, $P<0.05$) were negatively correlated with EM.

Conclusion There are differences in constitution between EM patients and healthy women. Yang deficiency and blood stasis are good constitutions for EM disease, and gentleness constitution is protective constitutions for EM disease.

Keywords abdominal mass; endometriosis; traditional Chinese medicine constitution; blood stasis constitution; yang deficiency constitution; treatment based on syndrome differentiation

中国中医药现代远程教育 2023年12月 第2卷 第24期 ·总第416期 pp.59-62
중국중의약현대원격교육 2023년12월 제2권 제24기, 총제416기, pp.59-62.

　　子宫内膜异位症(Endometriosis，EM) 是指具有生长能力的子宫内膜生长于子宫内壁以外的一种疾病[1]，目前发病机制尚不明确。EM根据症状归属于中医学"不孕""痛经""癥瘕""月经过多"等范畴。中医体质是指人类个体在生长发育过程中所形成的一种相对稳定的特征，这种特征受先天、后天因素共同制约，与形态结构、生理功能和心理状态具有相关性[2]，能影响着一个人是否发病、易患什么疾病以及患病后的预后和转归。并且体质是动态可变的，具有可调性，通过对某种疾病和中医体质之间的相关性进行研究，可以总结出该病的好发体质，通过尽早对具有疾病好发体质的人群进行早期预警和健康干预，能从源头上做到未病先防以及既病防变，所以近年来体质在临床中越来越受到重视。有研究[3]表明，EM的患病具有家族聚集性、遗传性，其遗传的概率大约为47%，这与体质学说中的禀赋源于先天的理念不谋而合。为了探索EM患者和中医体质之间的相关性，现将 2020 年 1 月—2021 年 12 月于江西省中医院就诊的 129例EM患者体质与同时期来本院就诊经B超检查无妇科盆腔疾患的129例健康女性体质进行比较分析，报道如下。

1 资料与方法

1.1 一般资料 以 2020 年 1 月—2021 年 12 月于江西省中医院妇科门诊及住院部就诊的 EM患者 129 例为内异组，患者平均年龄(32.23±7.88)岁；以同时期来江西省中医院就诊经 B超检查无妇科盆腔疾患的 129 例健康女性为正常组，平均年龄(32.41±8.33)岁。2组受试者年龄、学历、身高、体质量、性生活史、生育史等基本资料比较，差异无统计学意义(P＞0.05)，具有可比性。

1.2 诊断标准

1.2.1 EM 患者诊断标准 根据《子宫内膜异位症的诊治指南》[4] 和《中华妇产科学·中册》[5] 制定。

1.2.2 健康女性诊断标准
　　检查示血、尿、便常规，胸片，心电图，肝肾功能，以及腹部彩超、妇科彩超均无明显异常。

1.3 入选标准
纳入标准：自愿参与该研究，并签署知情 同意书。

排除标准：（1）无法合作者，如患有精神障碍性 疾病等；（2）合并严重原发性疾病或患有恶性肿瘤者；（3）妊娠期、哺乳期妇女；（4）资料不全影响统计者。

1.4 调查方法 根据王琦教授的体质调查量表 [6] 制定出中医体质量表，采用现场问卷调查的形式，由被调查人填写个人基本信息及根据既往情况填写调查表以获得 积分，通过积分情况判断患者体质归属。

1.5 统计学方法 使用 SPSS 25.0 统计学软件进行数据 分析。计数资料行$x2$ 检验；相关性检验。相关性检验水准 $\alpha=0.05$，$P<0.05$表示差异有统计学意义

자궁내막증(Endometriosis, EM)은 생장능력이 있는 자궁내막이 자궁내벽 이외에서 생장하는 일종의 질병이다[1]. 현재 발병기전은 아직 명확하지 않다. EM은 증상에 근거하여 중의학의 "불잉", "통경", "징가", "월경과다" 등의 범주에 귀속된다. 중의에서 말하는 체질은 인류가 생장발육하는 과정중에 형성된 일종의 상대적으로 안정된 특징을 가리키며, 이러한 특징은 선천적 요소와 후천적 요소의 제약을 모두 받으며, 형태구조, 생리기능, 심리상태와 상관성이 있으며[2], 한 사람의 어떤 질병의 발병, 이환 및 이환후의 예후와 전귀 여부에 영향을 미칠 수 있다. 또한 체질은 동태적이고 변할 수 있으며, 조절가능성을 가지고 있어서, 어떤 질병과 중의체질간의 상관성에 대한 연구를 통해서, 그 병의 호발체질을 총괄적으로 제시할 수 있었고, 질병이 호발할수 있는 체질을 갖고 있는 사람들에게 가능한 일찍 조기 경고와 건강개입을 거쳐서 원천적으로 미병을 예방하고 병이 전이되거나 악화되지 않도록 방지할 수 있었기 때문에 최근 들어 체질은 임상에서 점점 더 중요시되고 있다. 어떤 연구[3]에서는 자궁내막증을 앓는 가족이 군집성(가족력)이 있고, 유전성이 있으며, 그 유전 확률은 대개 47%로 이것은 체질학설의 품부가 선천에서 기원한다는 개념과 일치한다. 자궁내막증환자와 중의체질간의 상관성을 탐색하기 위해 2020년 1월부터 2021년 12월까지 강서성 중의병원 외래의 129례 자궁내막증환자와 같은 기간 본원 외래에서 B초음파검사를 받고 부인과의 골반강질환이 없었던 129례의 건강여성의 체질을 비교 분석하였고 아래와 같이 보고한다.

1. 자료와 방법

1.1 일반자료

2020년 1월부터 2021년 12월까지 강서성 중의병원 부인과에서 외래 및 입원으로 진료를 받은 자궁내막증 환자 129례를 내이군(EM)군으로 하였고, 환자의 평균 연령은(32.23±7.88) 세였다; 같은 기간 강서성 중의병원에 진료를 받으러 와서 B초음파를 받고 부인과 골반강질환이 없었던 129례의 여성을 정상군으로 하였는데 평균 연령은 (32.41±8.33)세였다. 두 군의 임상시험을 받은 사람의 연령, 학력, 키, 체질량, 성생활력, 생육력 등의 기초자료를 비교하였고, 통계적 유의한 차이는 없었다.(P>0.05) 유사성을 가지고 있었다.

1.2 진단기준

1.2.1. 자궁내막증환자의 진단기준
[자궁내막증의 진단치료지침][4]와 [중화산부인과학-중권][5]에 근거하여 만들었다.

1.2.2. 건강한 여성의 진단표준
혈액, 소변, 대변의 루틴검사, 흉부x-선, 심전도, 간 및 신장기능, 복부칼라초음파, 부인과칼라초음파로 뚜렷한 이상이 발견되지 않는다.

1.3 포함기준

포함기준

본인의 의지로 본 연구에 참여하고, 사전동의서에 서명한다.

배제기준

(1) 협조가 불가능한 자, 예를 들면 정신장애성 질병 등이 있는 경우
(2) 중증의 원발성질병 혹은 악성 종양을 앓고 있는 자
(3) 임신부 및 수유부
(4) 자료가 불완전하여 통계에 영향을 미치는 자

1.4 조사방법

왕기교수의 체질조사량표[6]에 근거하여 중의체질량표를 만들었고, 현장설문조사의 형식을 채택하였고, 응답자는 기본적인 개인정보를 입력하고 과거상황에 근거해 조사표를 작성하고 점수를 합산하며, 합산점수에 따라 환자의 체질을 판단하였다.

1.5 통계학방법

SPSS 25.0의 통계학 소프트웨어를 사용하여 분석하였다. 셀 수 있는 자료는(계수 자료는) 카이제곱검정, 상관성검정을 시행하였다. 상관성검정의 유의수준 α=0.05로 하고 , P<0.05인 경우는 유의한 통계학적 의미가 있는 것으로 하였다.

子宫内膜异位症与中医体质相关性研究[*]

熊苏力[1] 潘兆兰[1※] 琚文娟[1] 罗茜茜[2] 杨银[2]

（1.江西中医药大学附属医院妇科，江西 南昌 330006；2.江西中医药大学研究生2020级，江西 南昌 330004）

摘 要：目的 探索子宫内膜异位症（EM）患者体质偏颇，为该病的早期防治以及临床辨证提供理论依据。**方法** 以2020年1月—2021年12月于江西省中医院妇科就诊的129例EM患者（内异组）和129例健康女性（正常组）为研究对象，对其进行体质分析。**结果** 内异组中发病率最高的为血瘀质（30.23%），阳虚质（20.16%）次之。正常组中平和质（33.33%）最多，气虚质（11.63%）次之。2组人群在平和质、阳虚质、血瘀质体质构成比较，差异有统计学意义（$P<0.05$）；阳虚质（$\beta=0.812$，$P<0.05$）和血瘀质（$\beta=1.640$，$P<0.05$）与EM患病呈正相关，平和质（$\beta=-1.897$，$P<0.05$）与EM患病呈负相关。**结论** EM患者和健康女性在体质上存在差异，其中阳虚质和血瘀质是EM患病的好发体质，平和质为EM患病的保护体质。

关键词：癥瘕；子宫内膜异位症；中医体质学；血瘀质；阳虚质；辨证论治

doi:10.3969/j.issn.1672-2779.2023.24.019　　　文章编号：1672-2779（2023）-24-0059-04

Study on the Correlation between Endometriosis and Traditional Chinese Medicine Constitution

XIONG Suli[1], PAN Zhaolan[1※], JU Wenjuan[1], LUO Xixi[2], YANG Yin[2]

(1. Department of Gynecology, Affiliated Hospital of Jiangxi University of Chinese Medicine, Jiangxi Province, Nanchang 330006, China;

2. Grade 2020 Graduate, Jiangxi University of Chinese Medicine, Jiangxi Province, Nanchang 330004, China)

Abstract：Objective To explore the physical bias of patients with endometriosis (EM) and provide theoretical basis for the early prevention and treatment of the disease and clinical syndrome differentiation. **Methods** A total of 129 patients with EM (EM group) and 129 healthy women (normal group) who were treated in Jiangxi Provincial Hospital of Traditional Chinese Medicine from January 2020 to December 2021 were studied. The physique was analyzed. **Results** In the EM group, the highest incidence was blood stasis (30.23%), followed by yang deficiency (20.16%). In the normal group, gentleness constitution (33.33%) were the most, followed by qi-deficiency (11.63%). There was statistical significance in the gentleness constitution, yang deficiency and blood stasis between the two groups ($P<0.05$). Yang deficiency ($\beta=0.812$, $P<0.05$) and blood stasis ($\beta=1.640$, $P<0.05$) were positively correlated with EM, while gentleness constitution ($\beta=-1.897$, $P<0.05$) were negatively correlated with EM. **Conclusion** There are differences in constitution between EM patients and healthy women. Yang deficiency and blood stasis are good constitutions for EM disease, and gentleness constitution is protective constitutions for EM disease.

Keywords： abdominal mass; endometriosis; traditional Chinese medicine constitution; blood stasis constitution; yang deficiency constitution; treatment based on syndrome differentiation

/ 지은이소개 /

유준상劉準相
상지대학교 한의과대학 졸업. 상지대학교 대학원에서 한의학석사, 박사학위 취득.
2003년 동의대학교 한의과대학에서 강의를 시작하여 세명대학교 한의과대학 교수를 거쳐 2006년부터 상지대학교 한의과대학 교수로 재직하고 있음. 사상체질전문의로서 상지대학교 한방병원에서 진료를 하고 있음.
한의학 관련 논문 100여 편과 저서 및 역서로 <사상금궤비방>, <의학심오>, <주문봉 진단학강의>, <사상체질과 건강>, <핵심 사상의학>, <생활한자와 한의학>, <동의사상진료의전> 등이 있음.

정연실鄭蓮實
한국외국어대학교 중국어과 졸업, 중국의 남개대학南開大學에서 중국어문자학 전공으로 석사, 한국외국어대학교 중국어학 전공으로 박사학위 취득. 1999년 9월 한국외대와 경기대를 시작으로 여러 대학과 평생교육원에서 강의하였고, 2012년부터 상지대학교 중국학과 교수로 재직하고 있음. 2008년부터 3년간 고려대장경 전산화의 주역인 고려대장경연구소 연구원으로 일하면서 불교에 관심을 갖게 되었음. 주요 연구 분야는 문자학, 중국어교육, 한자교육, 한자문화, 한역불경이며 관련 논문 50여 편이 있음.

밍양양明洋洋
중국 랴오닝대학遼寧大學 졸업, 연세대학교 중어중문학과 전공으로 석사와 박사 학위 취득.
연세대학교, 세종대학교, 장안대학교에서 강의를 하였으며, 2021년부터 상지대학교 중국학과 교수로 재직 중. 2020년부터 EBS에서 초급중국어 라디오방송을 진행하고 있으며, 2021년부터 중한연구학회에서 이사로도 활동 중. 주요 연구 분야는 중국 어학과 한국인을 위한 중국어 교육으로 현재까지 10여 편의 KCI급 논문 저술.

한의중국어강독

2023. 8. 25. 1판 1쇄 인쇄
2023. 9. 2. 1판 1쇄 발행

지은이 유준상·정연실·밍양양
발행인 김미화 **발행처** 인터북스
주소 경기도 고양시 덕양구 통일로 140 삼송테크노밸리 A동 B224
전화 02.356.9903 **팩스** 02.6959.8234 **이메일** interbooks@naver.com
홈페이지 hakgobang.co.kr **출판등록** 제2008-000040호
ISBN 979-11-981749-4-9 93720 **정가** 16,000원